中华人民共和国
劳动合同法

案例注释版

中国法制出版社
CHINA LEGAL PUBLISHING HOUSE

图书在版编目（CIP）数据

中华人民共和国劳动合同法：案例注释版/中国法制出版社编.—6版.—北京：中国法制出版社，2024.1

（法律法规案例注释版系列；10）

ISBN 978-7-5216-3894-3

Ⅰ.①中… Ⅱ.①中… Ⅲ.①劳动合同法-案例-中国 Ⅳ.①D922.525

中国国家版本馆CIP数据核字（2023）第248102号

责任编辑：谢 雯　　　　　　　　　　　封面设计：杨泽江

中华人民共和国劳动合同法：案例注释版
ZHONGHUA RENMIN GONGHEGUO LAODONG HETONGFA：ANLI ZHUSHIBAN

经销/新华书店
印刷/河北华商印刷有限公司
开本/880毫米×1230毫米 32开　　　印张/ 8.25　字数/ 193千
版次/2024年1月第6版　　　　　　　2024年1月第1次印刷

中国法制出版社出版
书号 ISBN 978-7-5216-3894-3　　　　　　　　定价：29.00元

北京市西城区西便门西里甲16号西便门办公区
邮政编码：100053　　　　　　　　　　传真：010-63141600
网址：http：//www.zgfzs.com　　　　编辑部电话：010-63141797
市场营销部电话：010-63141612　　　印务部电话：010-63141606

（如有印装质量问题，请与本社印务部联系）

出版说明

我国各级人民法院作出的生效裁判是审判实践的结晶，是法律适用在社会生活中真实、具体而生动的表现，是连接抽象法律与现实纠纷的桥梁。因此，了解和适用法律最好的办法，就是阅读、参考已发生并裁判生效的真实案例。从广大读者学法、用法以及法官、律师等司法实务人员工作的实际需要出发，我们组织编写了这套"法律法规案例注释版"丛书。该丛书侧重"以案释法"，期冀通过案例注释法条的方法，将法律条文与真实判例相结合，帮助读者准确理解与适用法律条文，并领会法律制度的内在精神。

丛书最大的特点是：

一、**专业性**。丛书所编选案例的原始资料基本来源于各级人民法院已经审结并发生法律效力的裁判文书，从阐释法律规定的需要出发，加工整理而成。对于重点法条，则从全国人大常委会法工委等立法部门对条文的专业解读中提炼条文注释。

二、**全面性**。全书以主体法为编写主线，并辅之以条文主旨、条文注释、实用问答、典型案例、相关规定等，囊括了该法条的理论阐释和疑难问题，帮助读者全面理解法律知识体系。

三、**示范性**。裁判案例是法院依法对特定主体之间在特定时间、地点发生的法律纠纷作出的裁判，其本身具有真实性、指导性和示范性的特点。丛书选择的案例紧扣法律条文规定，精选了最高人民法院、最高人民检察院公布的指导案例等典型案例，对于读者有很强的参考借鉴价值。

四、实用性。每本书通过实用问答模块，以问答的方式解答实务中的疑难问题，帮助读者更好地解决实际问题。丛书设置"相关案例索引"栏目，列举更多的相关案例，归纳出案件要点，以期通过相关的案例，进一步发现、领会和把握法律规则、原则，从而作为解决实际问题的参考，做到举一反三。

五、便捷性。丛书采用大字排版、双色印刷，清晰疏朗，提升了读者的阅读体验。我们还在部分分册的主体法律文件之后收录重要配套法律文件，以及相应的法律流程图表、文书等内容，方便读者查找和使用。

希望本丛书能够成为广大读者学习、理解和适用法律的得力帮手！

适用提示

《中华人民共和国劳动合同法》(以下简称《劳动合同法》)的颁布实施,对于更好地保护劳动者合法权益,构建和发展和谐稳定的劳动关系,促进社会主义和谐社会建设,具有十分重要的意义。《劳动合同法》既坚持了《中华人民共和国劳动法》(以下简称《劳动法》)确立的劳动合同制度的基本框架,包括双向选择的用人机制,劳动关系双方有权依法约定各自的权利和义务,依法规范劳动合同的订立、履行、变更、解除和终止等;又对《劳动法》确立的劳动合同制度作出了较大修改,使之进一步完善。2012年12月28日,全国人大常委会修订了《劳动合同法》,主要针对劳务派遣作了进一步规范。

《劳动合同法》的重要规定如下:

一、关于劳动合同的订立

劳动合同既是劳动关系的载体,又是用人单位和劳动者的权利和义务的凭证,因此《劳动合同法》明确要求订立书面劳动合同,规定:建立劳动关系,应当订立书面劳动合同。已建立劳动关系,未同时订立书面劳动合同的,应当自用工之日起一个月内订立书面劳动合同。针对有的用工单位不与劳动者订立劳动合同的问题,《劳动合同法》规定用人单位自用工之日起满一年不与劳动者订立书面劳动合同的,视为已与劳动者订立无固定期限劳动合同。

另外，为了确保劳动者的合法权益不受侵犯，需要明确劳动合同的必备条款。《劳动合同法》规定劳动合同中与劳动者切身利益直接有关的必备内容主要有：劳动合同期限；工作内容和工作地点；工作时间和休息休假；劳动报酬；社会保险；劳动保护、劳动条件和职业危害防护。

订立书面劳动合同是《劳动合同法》赋予劳动关系双方当事人的法定义务。《劳动合同法》通过制度规定和经济责任的承担，促使用人单位和劳动者订立书面劳动合同，既能切实保护劳动者的合法权益，增加劳动者对企业的归属感，又能以书面形式明确劳动合同双方的利益。

二、关于劳动合同双方当事人的自主权

《劳动合同法》明确规定了法定强制性标准，也充分保护了劳动合同双方当事人的自主权。《劳动合同法》规定订立劳动合同应当遵循合法、公平、平等自愿、协商一致、诚实信用的原则；劳动合同由用人单位与劳动者还协商一致，并经用人单位与劳动者在劳动合同文本上签字或者盖章生效；劳动合同除应当具备法律规定的必要条款外，用人单位与劳动者可以协商约定试用期、培训、保守商业秘密、补充保险和福利待遇等其他事项；在劳动合同订立时，对劳动报酬和劳动条件等标准约定不明确，引发争议的，用人单位与劳动者可以重新协商；用人单位与劳动者协商一致，可以订立固定期限、无固定期限和以完成一定工作任务为期限的劳动合同；用人单位与劳动者

协商一致，可以变更、解除劳动合同；等等。

《劳动合同法》的这些规定，尊重和维护了用人单位和劳动者双方在订立劳动合同时，平等自愿、协商一致表达意愿的自主权。也就是说，劳动法律没有禁止的，或者在明确规定的具体标准范围外的事项，用人单位与劳动者都可以约定。

三、关于无固定期限劳动合同

《劳动合同法》规定劳动合同分为固定期限劳动合同、无固定期限劳动合同和以完成一定工作任务为期限的劳动合同。《劳动合同法》规定了用人单位与劳动者签订无固定期限劳动合同的情形，鼓励和引导用人单位与劳动者签订长期劳动合同，同时考虑到用人单位实际用工情况，规定无固定期限劳动合同是指用人单位与劳动者约定无确定终止时间的劳动合同。但是，只要符合法定解除情形和用人单位与劳动者协商一致，无固定期限劳动合同与固定期限劳动合同一样，也是可以解除的。

按照《劳动合同法》规定，在三种情形下，劳动者提出或者同意续订、订立劳动合同的，除劳动者提出订立固定期限劳动合同外，应当订立无固定期限劳动合同：（1）劳动者在该用人单位连续工作满十年的；（2）用人单位初次实行劳动合同制度或者国有企业改制重新订立劳动合同时，劳动者在该用人单位连续工作满十年且距法定退休年龄不足十年的；（3）连续订立二次固定期限劳动合同，且劳动者没有《劳动合同法》第39条和第40条第1项、第2项规定的情形，续订劳动合同的。这样规定，有利于劳动关系的和谐稳定，也有利于企业的长远发展。

四、关于劳动合同的履行

《劳动合同法》规定，用人单位与劳动者应当按照劳动合同的约定，全面履行各自的义务。在实践中，有的用人单位违反法律、法规的规定，随意拖欠工资，不按规定缴纳社会保险，不执行劳动定额，随意延长劳动时间，不支付加班费，甚至对劳动者进行强迫劳动。针对这些情况，《劳动合同法》规定：(1) 用人单位应当按照劳动合同约定和国家规定，向劳动者及时足额支付劳动报酬。(2) 用人单位应当严格执行劳动定额标准，不得强迫或者变相强迫劳动者加班。用人单位安排加班的，应当按照国家有关规定向劳动者支付加班费。(3) 劳动者拒绝用人单位管理人员违章指挥、强令冒险作业的，不视为违反劳动合同。劳动者对危害生命安全和身体健康的劳动条件，有权对用人单位提出批评、检举和控告。

五、关于劳动合同的解除、终止与经济补偿

关于劳动合同的解除，《劳动合同法》规定了六种情形：(1) 用人单位与劳动者协商一致解除的；(2) 劳动者提前三十日书面通知用人单位解除的，或者劳动者在试用期内解除的；(3) 因用人单位的过错，劳动者提出解除的；(4) 因劳动者的过错，用人单位提出解除的；(5) 因劳动者患病、非因工负伤、不能胜任工作或者因客观情况发生重大变化，致使劳动合同无法履行的，用人单位在提前三十日以书面形式通知劳动者本人或者额外支付劳动者一个月工资后解除的；(6) 经济性裁员解除的。需要说明，《劳动合同法》放宽了解除劳动合同的法定情

形。《劳动合同法》在要求用人单位与劳动者订立较长期限或者无固定期限的劳动合同的同时，相对于《劳动法》也大大放宽了解除劳动合同的限制。例如，《劳动合同法》第41条关于经济性裁员的范围，就增加了"企业转产、重大技术革新或者经营方式调整，经变更劳动合同后，仍需裁减人员的"和"其他因劳动合同订立时所依据的客观经济情况发生重大变化，致使劳动合同无法履行的"两种解除劳动合同的法定情形。另外，《中华人民共和国劳动合同法实施条例》（以下简称《劳动合同法实施条例》）第18条和第19条也对劳动合同的解除情形作了进一步完善。

关于劳动合同终止的情形，《劳动合同法》规定：（1）劳动合同期满的；（2）劳动者已开始依法享受基本养老保险待遇的；（3）劳动者死亡，或者被人民法院宣告死亡或者宣告失踪的；（4）用人单位被依法宣告破产的；（5）用人单位被吊销营业执照、责令关闭、撤销或者用人单位决定提前解散的；（6）法律、行政法规规定的其他情形。按照《劳动合同法》规定，劳动合同解除或者终止的情形都是法定的，用人单位与劳动者不能自行约定法定之外的劳动合同解除或者终止的条件。根据《劳动合同法实施条例》第21条的规定，劳动者达到法定退休年龄的，劳动合同终止。

《劳动合同法》中规定的经济补偿，是指在劳动合同解除或者终止后，劳动者找到新工作前的期间，为使其生活得到基本保障而给予的资助，这种资助由失业保险金与企业的经济补偿两部分组成。《劳动合同法》第46条规定了在解除和终止劳动合同时,应当由用人单位给予劳动者经济补偿的情形。

关于经济补偿的标准,按照劳动者在本单位工作的年限,每满一年支付一个月工资的标准向劳动者支付。六个月以上不满一年的,按一年计算;不满六个月的,向劳动者支付半个月工资的经济补偿。同时,对高收入的劳动者作了限制,劳动者月工资高于用人单位所在直辖市、设区的市级人民政府公布的职工月平均工资的三倍的,按职工月平均工资三倍的数额支付经济补偿,向其支付经济补偿的年限最高不超过十二年。

六、关于劳务派遣

为了规范劳务派遣的用工形式,维护被派遣劳动者合法权益,《劳动合同法》对劳务派遣用工形式作出了规范:一是提高劳务派遣的"门槛",加大劳务派遣单位的责任。劳务派遣单位应当经过劳动行政部门许可才能设立,注册资本不得少于二百万元。劳务派遣单位是《劳动合同法》所称用人单位,应当履行用人单位对劳动者的义务。劳务派遣单位与被派遣劳动者订立的劳动合同,除应当载明《劳动合同法》第17条规定的事项外,还应当载明被派遣劳动者的用工单位以及派遣期限、工作岗位等情况。劳务派遣单位应当与被派遣劳动者订立二年以上的固定期限劳动合同,按月支付劳动报酬;被派遣劳动者在无工作期间,劳务派遣单位应当按照所在地人民政府规定的最低工资标准,向其支付劳动报酬。二是提高用工单位使用劳务派遣工的成本,加强对劳务派遣工的保护。《劳动合同法》规定了用工单位执行国家劳动标准，提供相应的劳动条件和劳动保护；告知被派遣劳动者的工作要求和劳动报酬；支付加班费、绩效奖金，提供与工作岗位相关的福利待遇；对在岗被派遣劳动者进行工作岗位所必需的培训；连续用工的，实行正常的工资调整机制等义务。用工单位不得将被派遣劳动者再派遣到其他用人单位；给劳动者造成损害的，用工单位与劳务派遣单位承担连带赔偿责任。同时还规定劳务派遣单位应当将劳务派遣协议的内容告知被派遣劳动者。劳务派遣单位不得克扣用工单位按照劳务派遣协议支付给被派遣劳动者的劳动报酬。劳务派遣单位和用工单位不得向被派遣劳动者收取费用。劳务派遣单位跨地区派遣劳动者的，被派遣劳动者享有的劳动报酬和劳动条件，按照用工单位所在地的标准执行。被派遣劳动者享有与用工单位同类岗位的劳动者同工同酬的权利。用工单位无同类岗位劳动者的，参照用工单位所在地相同或者相近岗位劳动者的劳动报酬确定。被派遣劳动者有权在劳务派遣单位或者用工单位依法参加或者组织工会，维护自身的合法权益。

　　此外，还对劳务派遣作了一些特别限制，如规定劳务派遣一般应当在临时性、辅助性或者替代性的工作岗位上实施。用人单位不得设立劳务派遣单位向本单位或者所属单位派遣劳动者。

　　读者需要注意的是，《全国人民代表大会常务委员会关于修改〈中华人民共和国劳动合同法〉的决定》于2012年12月28日发布，自2013年7月1日起施行，主要修改《劳动合同法》

第55条、第63条、第66条、第92条的规定。

该决定公布前已依法订立的劳动合同和劳务派遣协议继续履行至期限届满，但是劳动合同和劳务派遣协议的内容不符合该决定关于按照同工同酬原则实行相同的劳动报酬分配办法的规定的，应当依照该决定进行调整；该决定施行前经营劳务派遣业务的单位，应当在该决定施行之日起一年内依法取得行政许可并办理公司变更登记，方可经营新的劳务派遣业务。具体办法由国务院劳动行政部门会同国务院有关部门规定。

目 录

中华人民共和国劳动合同法

第一章 总 则

第一条 【立法宗旨】 ………………………………………… 2
第二条 【适用范围】 ………………………………………… 2
- 典型案例
  1. 合伙人律师不属于所在律所的劳动者 ………………… 3
  2. 官某与某业委会要求确认劳动关系被驳回案 ………… 4

第三条 【基本原则】 ………………………………………… 5
- 典型案例
  1. 人事主管因自身的原因不签订书面劳动合同不得主张双倍工资 ……………………………………………… 5
  2. 彭宇翔诉城开公司追索劳动报酬纠纷案 ……………… 6

第四条 【规章制度】 ………………………………………… 7

1

● 典型案例
1. 劳动者应当遵守用人单位依据法定程序制定的考勤制度 8
2. 用人单位以规章制度形式否认劳动者加班事实是否有效 9
3. 规章制度条款存在冲突的，应作有利于劳动者的解释 10

● 相关案例索引
周某与某公司劳动争议纠纷案 11

第五条 【协调劳动关系三方机制】 12
第六条 【集体协商机制】 12

第二章 劳动合同的订立

第七条 【劳动关系的建立】 12
● 典型案例
1. 是否签订书面劳动合同不影响劳动关系的成立 13
2. 基于互联网平台提供劳务时劳动关系的认定 14
3. 澳吉尔公司与曾某确认劳动关系纠纷案 15
4. 李某与漫咖公司劳动合同纠纷案 16
5. 曾某与某集团公司、某甲子公司劳动合同纠纷案 18
6. 劳动者仅向用人单位提供执业资格证书的，双方不构成劳动关系 20
7. 矿业有限公司诉毕某劳动争议纠纷案 20

第八条 【用人单位的告知义务和劳动者的说明义务】 22

● 典型案例

　　1. 劳动者应遵守用人单位依法制定的规章制度 …………… 22

　　2. 某酒店公司与谢某某劳动争议案 ………………………… 24

● 相关案例索引

　　任某与某公司劳动合同纠纷案 ……………………………… 25

第 九 条 【用人单位不得扣押劳动者证件和要求提供担保】 ……………………………………………………………… 25

第 十 条 【订立书面劳动合同】 …………………………… 25

● 典型案例

　　1. 工作任务包干责任制不影响劳动关系认定 ……………… 27

　　2. 劳动者选择签订固定期限劳动合同后不得再主张未签订无固定期限劳动合同的二倍工资 ……………… 28

　　3. 周某与某科技公司劳动合同纠纷案 ……………………… 29

　　4. 人力资源管理人员主张未签订书面劳动合同二倍工资差额不应支持 ……………………………………… 30

　　5. 某驾校与孟某平劳动合同纠纷案 ………………………… 31

　　6. 刘丹萍与仁创公司劳动争议纠纷案 ……………………… 33

● 相关案例索引

　　俞某与某建材公司劳动争议纠纷案 ………………………… 34

第十一条 【未订立书面劳动合同时劳动报酬不明确的解决】 ……………………………………………………………… 34

● 相关案例索引

　　某玻璃制品公司与陈某某劳动争议纠纷案 ………………… 35

第十二条 【劳动合同的种类】 …………………………… 35

3

第十三条　【固定期限劳动合同】……………………………… 36

第十四条　【无固定期限劳动合同】……………………………… 36

● 典型案例

某公司与蔡某劳动争议纠纷案 …………………………… 37

● 相关案例索引

某公司与梁某劳动合同纠纷案 …………………………… 39

第十五条　【以完成一定工作任务为期限的劳动合同】………… 39

第十六条　【劳动合同的生效】…………………………………… 40

● 相关案例索引

陈某某与某投资公司追索劳动报酬及经济补偿纠纷案 … 40

第十七条　【劳动合同的内容】…………………………………… 40

● 典型案例

1. 入职登记原则上不能免除签订书面合同义务 ………… 41

2. 聂美兰诉林氏兄弟公司确认劳动关系案 ……………… 42

● 相关案例索引

1. 袁某与某法律顾问事务所劳动争议纠纷案 …………… 44

2. 用人单位以签订其他协议方式掩盖劳动关系，仍需

支付未签订劳动合同二倍工资 ………………………… 44

第十八条　【劳动合同对劳动报酬和劳动条件约定不明确

的解决】………………………………………………… 45

● 相关案例索引

毛某某与某公司劳动合同纠纷案 ………………………… 46

第十九条　【试用期】……………………………………………… 47

第二十条　【试用期工资】………………………………………… 48

第二十一条 【试用期内解除劳动合同】 …… 49
● 典型案例
1. 郑某与某开发公司劳动争议案 …… 49
2. 廖某与某文化传媒公司劳动争议纠纷案 …… 50

第二十二条 【服务期】 …… 51
● 典型案例
劳动者未满服务期辞职无需退还培训期间工资 …… 52
● 相关案例索引
黄某诉某公司劳动争议纠纷案 …… 53

第二十三条 【保密义务和竞业限制】 …… 54
● 典型案例
1. 劳动者违反竞业限制不以泄露商业秘密为条件 …… 55
2. 劳动者应按约履行在职期间竞业限制义务 …… 56
3. 劳动者支付违约金后仍须继续履行竞业限制协议 …… 57
4. 劳动者违反竞业限制协议，应当承担违约责任 …… 58
5. 竞业限制期限内入职存在竞争关系的其他单位需承担违约责任 …… 59
6. 入职竞争企业窃取商业秘密属违约行为应承担赔偿责任 …… 60
7. 王山诉万得公司竞业限制纠纷案 …… 61
8. 刘某与甲公司劳动争议纠纷案 …… 62
● 相关案例索引
某公司与刘某劳动争议纠纷案 …… 63

第二十四条 【竞业限制的范围和期限】 …… 64

5

● 典型案例

　　劳动者变相为与原单位有竞争关系的单位提供服务，应认定为违反竞业限制义务 …………………………………… 64

第二十五条　【违约金】 ………………………………………… 65

● 典型案例

　　1. 张某某与某某汽车部件公司劳动合同纠纷案 …………… 66

　　2. 华某与某消防设备公司竞业限制纠纷案 ………………… 68

　　3. 劳动合同约定违约金超出法律规定范围应认定无效 …… 69

　　4. 岗前培训不同于专业技术培训，不得约定服务期和违约金 …………………………………………………………… 69

第二十六条　【劳动合同的无效】 ……………………………… 70

● 典型案例

　　1. 劳动者伪造入职材料构成欺诈的，劳动合同无效 ……… 70

　　2. 杨某某与某矿业公司劳动保险纠纷案 …………………… 71

　　3. 马某某诉搜狐公司竞业限制纠纷案 ……………………… 72

● 相关案例索引

　　1. 吴某与县公安局交通警察大队劳动合同纠纷案 ………… 73

　　2. 郑某与某公司劳动保险纠纷案 …………………………… 74

第二十七条　【劳动合同部分无效】 …………………………… 74

第二十八条　【劳动合同无效后劳动报酬的支付】 …………… 75

第三章　劳动合同的履行和变更

第二十九条　【劳动合同的履行】 ……………………………… 75

● **典型案例**

 1. 用人单位违反最低工资标准规定的，应予补发差额 …… 77

 2. 劳动关系解除后仍应履行劳动合同附随义务 …… 78

第三十条　【劳动报酬】 …… 79

● **典型案例**

 用人单位单方降低劳动报酬，员工未提异议不应视为默认 …… 79

第三十一条　【加班】 …… 80

● **典型案例**

 1. 劳动者在离职文件上签字确认加班费已结清，是否有权请求支付欠付的加班费 …… 81

 2. 刘某某与某木业公司劳动合同纠纷案 …… 83

 3. 某医院与向某某劳动争议纠纷案 …… 84

第三十二条　【劳动者拒绝违章指挥、强令冒险作业】 …… 86

第三十三条　【用人单位名称、法定代表人等的变更】 …… 86

● **相关案例索引**

 用人单位法定代表人或股东变更不影响用工责任的承担 …… 86

第三十四条　【用人单位合并或者分立】 …… 87

第三十五条　【劳动合同的变更】 …… 87

● **典型案例**

 1. 用人单位改变内部组织架构不属于客观情况发生重大变化 …… 88

 2. 某药房公司与文某劳动争议纠纷案 …… 89

 3. 邓某某与重庆某电气集团劳动争议案 …… 90

7

4. 某物管公司与曾某某劳动争议案 ·················· 91
5. 用人单位合理调岗属依法行使用工自主权 ·········· 93
6. 以公司股权变动为由解除劳动合同违法 ············ 94
7. 用人单位不得以逼迫离岗等方式违法解除劳动合同 ······ 94
8. 某物流公司与罗某劳动争议案 ·················· 95
9. 戴某某诉玻璃公司追索劳动报酬纠纷案 ············ 96

● 相关案例索引

黄某与海天公司劳动争议纠纷案 ·················· 97

第四章　劳动合同的解除和终止

第三十六条　【协商解除劳动合同】················· 98

第三十七条　【劳动者提前通知解除劳动合同】·········· 98

● 典型案例

1. 劳动者行使劳动合同单方解除权后无法撤回 ········ 99
2. 某旅游酒店公司与张某劳动争议纠纷案 ············ 100
3. 用人单位聘用与原用人单位保留劳动关系的内退职
   工，双方之间为劳动关系 ···················· 101

第三十八条　【劳动者解除劳动合同】················ 102

● 典型案例

1. 用人单位不因约定不缴社会保险费而免责 ·········· 103
2. 竞聘中高管任期届满未能再聘的，应按原约定岗位
   待遇执行 ································ 104
3. 劳动者主张推定解雇经济补偿金应以用人单位存在
   主观过错为前提 ·························· 106

4. 劳动者承诺放弃缴纳社会保险无效，用人单位仍需支付解除劳动合同经济补偿……………………………… 107

5. 杨某某与某物业管理公司劳动争议纠纷……………… 108

● 相关案例索引

1. 孙某与某房地产开发公司劳动争议纠纷案…………… 109

2. 某油气工程技术服务公司与李某劳动争议纠纷案……… 109

第三十九条 【用人单位单方解除劳动合同】 ……………… 110

● 典型案例

1. 劳动者因失信被执行人身份无法完成工作，用人单位可以解除劳动合同…………………………………… 110

2. 劳动者严重失职造成用人单位重大损害，用人单位有权解除劳动关系…………………………………… 111

3. 劳动者在应聘过程中应履行如实说明的义务………… 112

4. 席某与某数字信息技术公司劳动合同纠纷案………… 113

5. 农业银行与郭某劳动争议纠纷案……………………… 114

6. 用人单位可以辞退严重失职的劳动者………………… 115

7. 劳动者工作过程中应忠诚、勤勉地履行职责………… 117

8. 劳动者在求职时假造简历，用人单位可以解除劳动合同…………………………………………………… 118

9. 劳动者严重违反用人单位制度、损害用人单位利益，用人单位可以解除劳动合同……………………… 119

10. 劳动者虚构事假理由，用人单位解除劳动合同获支持 … 120

11. 用人单位因职工严重违纪解除劳动合同不承担经济补偿金…………………………………………………… 121

12. 员工严重违反公司规章制度，公司解除劳动合同无须赔偿经济补偿金 …… 122

13. 劳动者主张医疗期须证明病情达到需要治疗休息的严重程度，并应遵守用人单位的请假制度 …… 124

14. 杨某某与某旅游公司劳动争议案 …… 125

15. 何某与某自来水公司劳动争议案 …… 126

16. 孙某某诉西区公司劳动合同纠纷案 …… 127

17. 郑某诉自动化公司劳动合同纠纷案 …… 129

第四十条 【无过失性辞退】 …… 130

●典型案例

1. 用人单位不得设置制度障碍拒绝员工休病假 …… 132

2. 已形成无固定期限劳动合同关系后签订书面固定期限劳动合同的性质 …… 133

3. 吴某与搏峰公司劳动合同纠纷案 …… 133

4. 因对劳动合同变更不能达成一致意见而导致劳动关系解除的，用人单位应支付经济补偿金 …… 135

5. 魏某与某电子公司劳动合同纠纷案 …… 136

6. 李某某与国网某公司劳动合同纠纷案 …… 138

●相关案例索引

刘某与某公司劳动合同纠纷案 …… 139

第四十一条 【经济性裁员】 …… 139

第四十二条 【用人单位不得解除劳动合同的情形】 …… 141

●典型案例

1. 某公司与吴某劳动合同纠纷案 …… 141

2. 患有特殊疾病的劳动者医疗期受法律特别保护……………… 142

　　3. 女职工的延长产假权益依法受保护…………………………… 143

　　4. 张某某诉敬豪公司等劳动合同纠纷案………………………… 144

第四十三条　【工会在劳动合同解除中的监督作用】……………… 145

第四十四条　【劳动合同的终止】…………………………………… 146

● 典型案例

　　招用达到法定退休年龄人员不构成劳动关系…………………… 147

● 相关案例索引

　　黄某与顺安某公司劳动争议纠纷案……………………………… 148

第四十五条　【劳动合同的逾期终止】……………………………… 149

第四十六条　【经济补偿】…………………………………………… 150

● 典型案例

　　1. 用人单位应当按劳动合同约定提供劳动条件………………… 151

　　2. 某科技公司与文某经济补偿金纠纷案………………………… 152

　　3. 李某某与云阳县双江镇某某砖厂经济补偿金纠纷案………… 153

● 相关案例索引

　　1. 李某与某学校工伤保险待遇纠纷案…………………………… 154

　　2. 梅某与某酒店劳动合同纠纷案………………………………… 155

　　3. 黄某与某公司劳动争议纠纷案………………………………… 155

第四十七条　【经济补偿的计算】…………………………………… 155

● 典型案例

　　1. 李某与某煤矿工伤保险待遇纠纷案…………………………… 156

　　2. 王某某与某废弃物处理公司劳动合同纠纷案………………… 158

　　3. 用人单位应合理行使用工管理权……………………………… 159

  4. 年休假天数应按累计工作年限确定……………… 159

  5. 安盛公司诉王某某劳动合同纠纷案……………… 160

第四十八条　【违法解除或者终止劳动合同的法律后果】……… 161

第四十九条　【社会保险关系跨地区转移接续】……………… 162

第 五 十 条　【劳动合同解除或者终止后双方的义务】……… 162

● 典型案例

  1. 蔡某与某公司劳动合同纠纷案………………………… 163

  2. 邓某与某建筑工程公司劳动争议案…………………… 164

  3. 蔡某某诉金中建公司劳动合同纠纷案………………… 165

第五章　特别规定

第一节　集体合同

第五十一条　【集体合同的订立和内容】………………………… 166

第五十二条　【专项集体合同】…………………………………… 167

第五十三条　【行业性集体合同、区域性集体合同】…………… 167

第五十四条　【集体合同的报送和生效】………………………… 168

第五十五条　【集体合同中劳动报酬、劳动条件等标准】…… 168

第五十六条　【集体合同纠纷和法律救济】……………………… 169

第二节　劳务派遣

第五十七条　【劳务派遣单位的设立】…………………………… 170

第五十八条　【劳务派遣单位、用工单位及劳动者的权利义务】……………………………………………………… 171

● 典型案例

　　张某某与某市政公司劳动合同纠纷案 …………………… 171

第五十九条　【劳务派遣协议】 …………………………… 172

第 六 十 条　【劳务派遣单位的告知义务】 ……………… 173

第六十一条　【跨地区派遣劳动者的劳动报酬、劳动条件】… 174

第六十二条　【用工单位的义务】 ………………………… 174

第六十三条　【被派遣劳动者同工同酬】 ………………… 175

● 相关案例索引

　　曾某与某公司劳动争议纠纷案 …………………………… 175

第六十四条　【被派遣劳动者参加或者组织工会】 ……… 176

第六十五条　【劳务派遣中解除劳动合同】 ……………… 176

● 典型案例

　　杜某某与某人力资源公司、某大学劳动争议案 ………… 177

第六十六条　【劳务派遣的适用岗位】 …………………… 178

● 典型案例

　　1. 用工单位不得借劳务外包之名行劳务派遣之实 ……… 178

　　2. 用人单位不得以劳务派遣协议期满为由解除劳动合同 … 180

● 相关案例索引

　　1. 某公司与张某某劳动合同纠纷案 ……………………… 180

　　2. 黄某与某外包服务公司、某公司劳务派遣合同纠纷案 … 181

第六十七条　【用人单位不得自设劳务派遣单位】 ……… 181

● 典型案例

　　1. 用人单位不得通过逆向派遣规避法定责任 …………… 181

　　2. 用人单位不得设立劳务派遣单位向本单位派遣劳动者 … 182

13

3. 兼职的劳动关系认定 …………………………………… 183

第三节　非全日制用工

第六十八条　【非全日制用工的概念】……………………… 185
● 典型案例
　　张某与某技术咨询公司劳动争议案 ……………………… 185
第六十九条　【非全日制用工的劳动合同】………………… 186
第 七 十 条　【非全日制用工不得约定试用期】…………… 187
第七十一条　【非全日制用工的终止用工】………………… 187
第七十二条　【非全日制用工的劳动报酬】………………… 187

第六章　监督检查

第七十三条　【劳动合同制度的监督管理体制】…………… 188
第七十四条　【劳动行政部门监督检查事项】……………… 188
第七十五条　【监督检查措施和依法行政、文明执法】…… 189
第七十六条　【其他有关主管部门的监督管理】…………… 189
第七十七条　【劳动者权利救济途径】……………………… 190
第七十八条　【工会监督检查的权利】……………………… 190
第七十九条　【对违法行为的举报】………………………… 191

第七章　法律责任

第 八 十 条　【规章制度违法的法律责任】………………… 192
第八十一条　【缺乏必备条款、不提供劳动合同文本的法
　　　　　　　律责任】……………………………………… 192
第八十二条　【不订立书面劳动合同的法律责任】………… 193

● 典型案例
  1. 未签订书面劳动合同的法律归责……………………… 194
  2. 熊某某诉重庆某某船务有限公司劳动合同纠纷案………… 195
  3. 劳动者故意不签订书面劳动合同，从而主张用人单
     位支付未签书面劳动合同二倍工资的，不予支持……… 196

第八十三条　【违法约定试用期的法律责任】……………… 197
第八十四条　【扣押劳动者身份证等证件的法律责任】…… 197
  ● 典型案例
  魏某与某保险公司劳动争议纠纷案………………… 198
第八十五条　【未依法支付劳动报酬、经济补偿等的法律
　　　　　　　责任】…………………………………… 199
第八十六条　【订立无效劳动合同的法律责任】…………… 200
第八十七条　【违法解除或者终止劳动合同的法律责任】… 202
  ● 典型案例
  1. 刘某某与某工程公司劳动合同纠纷案……………… 202
  2. 用人单位违法解除劳动合同应当支付双倍经济补偿金… 203
第八十八条　【侵害劳动者人身权益的法律责任】………… 205
第八十九条　【不出具解除、终止书面证明的法律责任】… 206
第 九 十 条　【劳动者的赔偿责任】………………………… 207
第九十一条　【用人单位的连带赔偿责任】………………… 208
第九十二条　【劳务派遣单位的法律责任】………………… 208
  ● 典型案例
  劳动者超时加班发生工伤，用工单位、劳务派遣单位
  是否承担连带赔偿责任……………………………… 209

15

第九十三条 【无营业执照经营单位的法律责任】……………… 211

第九十四条 【个人承包经营者的连带赔偿责任】……………… 212

● 典型案例

  发包人与个人承包经营者对劳动者的损害承担连带责任 …… 212

第九十五条 【不履行法定职责、违法行使职权的法律责任】 ……………………………………………………… 213

第八章 附　　则

第九十六条 【事业单位聘用制劳动合同的法律适用】………… 213

第九十七条 【过渡性条款】………………………………… 214

第九十八条 【施行时间】…………………………………… 214

附　录

劳动合同（通用）…………………………………………… 215

劳动合同（劳务派遣）……………………………………… 223

工伤认定申请表（劳务派遣）……………………………… 232

中华人民共和国劳动合同法

（2007年6月29日第十届全国人民代表大会常务委员会第二十八次会议通过 2007年6月29日中华人民共和国主席令第65号公布 根据2012年12月28日第十一届全国人民代表大会常务委员会第三十次会议《关于修改〈中华人民共和国劳动合同法〉的决定》修正）

目　　录

第一章　总　　则
第二章　劳动合同的订立
第三章　劳动合同的履行和变更
第四章　劳动合同的解除和终止
第五章　特别规定
　第一节　集体合同
　第二节　劳务派遣
　第三节　非全日制用工
第六章　监督检查
第七章　法律责任
第八章　附　　则

第一章 总 则

第一条 立法宗旨①

为了完善劳动合同制度，明确劳动合同双方当事人的权利和义务，保护劳动者的合法权益，构建和发展和谐稳定的劳动关系，制定本法。

● 相关规定

《劳动法》② 第1条

第二条 适用范围

中华人民共和国境内的企业、个体经济组织、民办非企业单位等组织（以下称用人单位）与劳动者建立劳动关系，订立、履行、变更、解除或者终止劳动合同，适用本法。

国家机关、事业单位、社会团体和与其建立劳动关系的劳动者，订立、履行、变更、解除或者终止劳动合同，依照本法执行。

● 实用问答

1. 问：哪些企业受《劳动合同法》调整？

答：(1) 中华人民共和国境内的企业、个体经济组织、民办非企业单位等组织。(2) 依法成立的基金会和会计师事务所、律师事务所等组

---

① 条文主旨为编者所加，下同。
② 本书法律文件使用简称，以下不再标注。

织,属于《劳动合同法》所称的用人单位,受《劳动合同法》的调整。(3)国家机关、事业单位、社会团体和与其建立劳动关系的劳动者,订立、履行、变更、解除或者终止劳动合同,依照《劳动合同法》执行。

2. 问:全日制在校学生与用人单位之间是否存在劳动关系?

答:全日制在校学生在用人单位参加教学实习的,双方不存在劳动关系;在校学生根据《高等学校勤工助学管理办法(2018年修订)》第4条规定,利用业余时间在用人单位勤工助学的,双方不存在劳动关系;在校学生在用人单位以就业为目的工作的,可根据劳动和社会保障部《关于确立劳动关系有关事项的通知》综合判断双方之间是否存在劳动关系。

● 典型案例

1. 合伙人律师不属于所在律所的劳动者 [北京市第三中级人民法院(2015)三中民终字第12243号[①]]

2011年6月1日,原告班某与被告某律师事务所签订劳动合同。2013年10月21日,班某与某律所签订名誉合伙人合作协议,约定班某在某律所从事律师执业工作。班某称某律所于2013年10月21日违法解除了与其的劳动关系;某律所称其与班某的劳动关系于2013年10月21日经协商一致转为合伙关系。班某诉至法院,请求判令某律所支付工资及赔偿金等。某律所辩称:班某转为合伙人时曾签过声明,新协议生效时,原劳动合同效力终止,双方不得依据原合同主张相关权利。班某由律师助理转为合伙人,劳动关系转为合伙关系,某律所没有违法解除劳动关系。

法院认为,班某原为某律所聘用的律师助理,后转为该律所合伙人,

---

① 除单独说明外,本书所引案例均取自中国裁判文书网等公开来源,以下不再提示。

这一事实决定了双方法律关系变化的特殊性。基于合伙制律师事务所的特殊性质，合伙人的身份与劳动者身份不能并存，该协议的签订即表明双方已达成一致，改变了班某个人在该律所的身份。因双方属于协商解除劳动关系，班某所持对方违法解除劳动关系的主张不能成立。

综上所述，律师可以成为律师事务所的劳动者，但合伙人律师基于其特殊身份及对事务所的管理与控制权，以及对事务所相关事项的决定权、执行权，不能成为事务所的劳动者，合伙人律师依据《劳动法》主张获得劳动者的相关权利与福利待遇的，不应支持。

2. 官某与某业委会要求确认劳动关系被驳回案 [江苏省无锡市中级人民法院（2019）苏02民终1117号]

官某于2017年12月15日进入某业委会物管处工作。2018年7月2日，某业委会物业管理中心向官某发出辞退通知书。官某在某业委会工作期间，以自由职业者申报缴纳社会保险，2017年12月至2018年6月缴费金额为870元/月，2018年7月缴费金额为945元。后官某提起仲裁，2018年9月5日，仲裁委决定官某与某业委会劳动争议一案于2018年9月1日起终结仲裁活动。官某遂诉至法院。

法院认为，业主委员会是业主依据法律规定成立且经过行政主管部门备案的、行使共同管理权的常设机构，其不符合法定用工主体资格，与其雇佣的人员之间建立的是劳务关系而非劳动关系。因此，官某要求确认与某业委会之间存在劳动关系并主张劳动关系下的权益于法无据。故，官某的请求不能成立，应予驳回。

综上所述，业主可以设立业主大会，选举业主委员会。业主委员会可以依据业主共同决议或业主大会决议，在授权范围内以自己的名义从事与业主自治管理相关的法律行为，具备诉讼主体资格，但并不因此即具备劳动关系中用人单位的主体资格。业委会雇佣人员要求确认与业委会存在劳动关系的，人民法院不予支持。

● **相关规定**

《劳动法》第 2 条

第三条 基本原则

订立劳动合同，应当遵循合法、公平、平等自愿、协商一致、诚实信用的原则。

依法订立的劳动合同具有约束力，用人单位与劳动者应当履行劳动合同约定的义务。

● **典型案例**

1. 人事主管因自身的原因不签订书面劳动合同不得主张双倍工资（江苏省高级人民法院公布 2013 年劳动争议十大典型案例之四）[①]

2012 年 5 月 11 日，周某签署某广告公司的《员工登记表》后于 5 月 14 日起开始工作，主要从事人事管理工作。6 月 10 日，公司法定代表人王某将劳动合同文本在 QQ 上传送给周某，让其办理为新员工订立劳动合同的事项。2012 年 11 月 21 日，劳动监察机构来公司核查用工资料，公司让周某整理相关资料用于检查，发现资料中没有周某的劳动合同。公司让周某签订劳动合同，但周某拖延签订。公司表示如果周某不肯签订，将无法继续与其维持用工关系。同日，周某离职。因双方对退工理由不能达成一致意见。周某诉至法院，请求判令某广告公司支付未签订书面劳动合同的双倍工资。

法院认为，公司法定代表人将劳动合同文本在 QQ 上传送给周

[①] 载江苏法院网，http：//jsfy.gov.cn/article/91609.html，2023 年 11 月 24 日访问，以下不再标注。

某,让其为新员工签订劳动合同,说明该公司与劳动者签订劳动合同的意愿明确,而为员工签订劳动合同本身就是周某的工作职责之一,其不为自己签订劳动合同不能归责于公司,故法院未支持周某要求公司支付双倍工资的主张。

综上所述,周某作为公司的人事主管,应当按照公司的要求为自己及其他员工签订书面劳动合同,其在不履行相应职责后,又以公司未与其签订书面劳动合同为由主张双倍工资的,不予支持。

2. 彭宇翔诉城开公司追索劳动报酬纠纷案(最高人民法院指导案例182号)

城开公司于2016年8月制定《奖励办法》,规定成功引进商品房项目的,城开公司将综合考虑项目规模、年化平均利润值合并表等综合因素,以项目审定的预期利润或收益为奖励基数,按照0.1%~0.5%确定奖励总额。该奖励由投资开发部拟定各部门或其他人员的具体奖励构成后提出申请,经集团领导审议、审批后发放。2017年2月,彭宇翔入职城开公司担任投资开发部经理。2017年6月,投资开发部形成《会议纪要》,确定部门内部的奖励分配方案为总经理占部门奖金的75%、其余项目参与人员占部门奖金的25%。彭宇翔履职期间,其所主导的投资开发部成功引进六个项目,后针对上述六个项目投资开发部先后向城开公司提交了六份奖励申请。直至彭宇翔自城开公司离职,城开公司未发放上述奖励。彭宇翔经劳动仲裁程序后,于法定期限内诉至法院。

法院认为,本案中,《奖励办法》所设立的奖励系城开公司为鼓励员工进行创造性劳动所承诺给员工的超额劳动报酬,其性质上属于国家统计局《关于工资总额组成的规定》第7条规定中的"其他奖金",此时《奖励办法》不仅应视为城开公司基于用工自主权而对员工行使的单方激励行为,还应视为城开公司与包括彭宇翔在内的不特定员工就该项奖励的获取形成的约定。现彭宇翔通过努力达到《奖励办法》所设奖励的获取条件,其向城开公司提出申请要求兑现该超额劳动报酬,无论是基于诚实信用原则,还是基于按劳取酬原则,城开公司皆有义务启动审核程序对该奖励申请进行核查,以确定彭宇翔关于奖金的权利能否实现。如城开公司拒绝审核,应说明合理理由。城开公司关于彭宇翔存在失职行为及案涉项目存在亏损的主张因欠缺事实依据不能成立,该公司也不能对不予审核的行为作出合理解释,其拒绝履行审批义务的行为已损害彭宇翔的合法权益,对此应承担相应的不利后果。法院认定案涉六个项目奖励的条件成就,城开公司应当依据《奖励办法》向彭宇翔所在的投资开发部发放奖励。

综上所述,用人单位若规定劳动者在完成一定绩效后可以获得奖金,其无正当理由拒绝履行审批义务,符合奖励条件的劳动者主张获奖条件成立,用人单位应当按照规定发放奖金的,人民法院应予支持。

● **相关规定**

《劳动法》第17条

第四条　规章制度

用人单位应当依法建立和完善劳动规章制度,保障劳动者享有劳动权利、履行劳动义务。

用人单位在制定、修改或者决定有关劳动报酬、工作时间、休息休假、劳动安全卫生、保险福利、职工培训、劳动纪律以及劳动定额管理等直接涉及劳动者切身利益的规章制度或者重大事项时,应当经职工代表大会或者全体职工讨论,提出方案和意见,与工会或者职工代表平等协商确定。

在规章制度和重大事项决定实施过程中，工会或者职工认为不适当的，有权向用人单位提出，通过协商予以修改完善。

用人单位应当将直接涉及劳动者切身利益的规章制度和重大事项决定公示，或者告知劳动者。

● **典型案例**

1. 劳动者应当遵守用人单位依据法定程序制定的考勤制度［天津市第一中级人民法院（2016）津01民终2591号］

被告许某2011年3月28日入职原告某公司，双方签订书面劳动合同。某公司主张许某实际提供劳动至2015年6月9日。6月10日至12日、16日、18日旷工。6月15日、17日许某虽出勤但未提供劳动，依据员工手册的规定，某公司于2015年6月18日与许某解除劳动合同。许某主张某公司系违法解除劳动合同，向仲裁委提出申诉，仲裁委作出高新区劳仲案字［2015］第544号裁决书。裁决……2. 某公司应自本裁决生效之日起十日内向许某支付违法解除劳动合同赔偿金57267元，支付2015年6月1日至18日应发工资3951元。某公司不同意该裁决，起诉至法院。许某辩称：其实际提供劳动至2015年6月18日，6月15日许某正常出勤。6月10日至12日、16日至18日休病假，并事先给部门经理打电话请假。6月17日到某公司处办理申报工伤事宜，未实际提供劳动。

法院认为，某公司经与员工代表协商制定了员工手册，并发放给许某，某公司和许某均应当遵守员工手册的规定。根据员工手册第4.2条特殊工时部分规定："……实行不定时工作制的员工在公司期间也应遵守公司的上下班时间。"该规定未违反法律强制性规定，属于有效规定，许某在公司期间应当遵守公司的上下班制度。

综上所述，不定时工作制度不绝对排除用人单位对劳动者的考勤管理；用人单位依据法定程序制定的考勤制度，在不与不定时工作制度抵触的情况下，劳动者应当遵守。

2. 用人单位以规章制度形式否认劳动者加班事实是否有效（人力资源社会保障部、最高人民法院联合发布十起第二批劳动人事争议典型案例之八）[①]

常某于2016年4月入职某网络公司。某网络公司告知常某，公司采取指纹打卡考勤。员工手册规定：21:00之后起算加班时间；加班需由员工提出申请，部门负责人审批。常某于2016年5月至2017年1月期间，通过工作系统累计申请加班126小时。某网络公司以公司规章制度中明确21:00之后方起算加班时间，21:00之前的不应计入加班时间为由，拒绝支付常某加班费差额。常某向劳动人事争议仲裁委员会申请仲裁，请求裁决某网络公司支付其加班费差额。某网络公司不服仲裁裁决，诉至法院。

法院认为，本案的争议是关于某网络公司以规章制度形式否认常某加班事实是否有效。依据《劳动合同法》第4条规定，通过民主程序制定的规章制度，不违反国家法律、行政法规及政策规定，并已向劳动者公示的，可以作为确定双方权利义务的依据。本案中，一方面，某网络公司的员工手册规定有加班申请审批制度，该规定并不违反法律规定，且具有合理性，在劳动者明知此规定的情况下，可以作为确定双方权利义务的依据。另一方面，某网络公司的员工手册规定21:00之后起算加班时间，并主张18:00至21:00为员工晚餐和休息时间，故自21:00起算加班。鉴于18:00至21:00时间长达3个

---

① 载中华人民共和国最高人民法院网站，https://www.court.gov.cn/zixun-xiangqing-319151.html，2023年11月24日访问，以下不再标注。

小时，远超过合理用餐时间，且在下班3个小时后再加班，不具有合理性。在某网络公司不能举证证实该段时间为员工晚餐和休息时间的情况下，其规章制度中该项规定不具有合理性，人民法院依法否定了其效力。人民法院结合考勤记录、工作系统记录等证据，确定了常某的加班事实，判决某网络公司支付常某加班费差额。

综上所述，合法的规章制度既能规范用人单位用工自主权的行使，又能保障劳动者参与用人单位民主管理。不合理的规章制度则会导致用人单位的社会声誉差、认同感低，最终引发人才流失，不利于用人单位的长远发展。用人单位制定合理合法的规章制度，可以作为确定用人单位、劳动者权利义务的依据。一旦用人单位以规章制度形式规避应当承担的用工成本，侵害劳动者的合法权益，仲裁委员会、人民法院应当依法予以审查，充分保护劳动者的合法权益。用人单位应当根据单位实际，制定更为人性化的规章制度，增强劳动者对规章制度的认同感，激发劳动者的工作积极性，从而进一步减少劳动纠纷。

3. 规章制度条款存在冲突的，应作有利于劳动者的解释（江苏省高级人民法院发布2021年度劳动人事争议十大典型案例之九）①

某制品公司《员工手册》第72条列举了违纪处分的形式，即一般警告、严重警告和解除劳动合同三种，并规定，凡经发出一次严重警告后，倘再犯一般警告或严重警告的过失，公司可解除劳动合同。《员工手册》第75条列举了解除劳动合同的具体情形，其中包括一年内受到两次严重警告的。2020年1月2日，制品公司给予蔡某严重警告一次；1月9日，制品公司给予蔡某一般警告一次，并依据《员工

---

① 载江苏法院网，http://jsfy.gov.cn/article/91645.html，2023年11月24日访问，以下不再标注。

手册》第72条规定对蔡某予以解除劳动合同。蔡某经仲裁后提起诉讼，要求支付违法解除劳动合同的赔偿金。蔡某认为制品公司依据《员工手册》第72条解除劳动合同属违法解除，其不具备第75条规定的可解除劳动合同的情形；制品公司认为其解除劳动合同可以适用第72条，也可以适用第75条。

法院认为，《员工手册》第72条和第75条均规定了公司可以解除劳动合同的情形，从文义来看，第75条规定的制品公司可作出解除劳动合同处理的条件更为严苛。考虑到解除劳动合同是用人单位对劳动者最严厉的惩戒措施等因素，在双方对条文的理解产生分歧时，应作有利于劳动者的解释，在对蔡某作出解除劳动合同决定时应当适用更为严苛、更为具体的第75条规定，故法院判决制品公司向蔡某支付违法解除劳动合同的赔偿金。

综上所述，规章制度条款存在冲突，用人单位和劳动者发生争议时，劳动者主张适用对其有利的解释的，人民法院应予支持。

● 相关案例索引

周某与某公司劳动争议纠纷案［重庆市第五中级人民法院（2015）渝五中法民再终字第00049号］

企业安排职工待岗虽为企业安置员工的一种过渡性措施，但实质已使职工从有岗位变成无岗位，致使正常履行劳动合同的最基本条件丧失，劳动者的工资薪酬亦严重受影响。企业要求员工待岗期间每日报到本身系对劳动者权利的重要限制，此时，若将待岗期间的报到等同于正常工作日报到可能变相将待岗报到变为公司逼退、开除职工的一种手段。

● 相关规定

《劳动法》第4条、第8条；《工会法》第39条；《公司法》第

18条；《最高人民法院关于审理劳动争议案件适用法律问题的解释（一）》第50条

第五条 协调劳动关系三方机制

县级以上人民政府劳动行政部门会同工会和企业方面代表，建立健全协调劳动关系三方机制，共同研究解决有关劳动关系的重大问题。

● *相关规定*

《工会法》第35条

第六条 集体协商机制

工会应当帮助、指导劳动者与用人单位依法订立和履行劳动合同，并与用人单位建立集体协商机制，维护劳动者的合法权益。

● *相关规定*

《工会法》第21条

第二章 劳动合同的订立

第七条 劳动关系的建立

用人单位自用工之日起即与劳动者建立劳动关系。用人单位应当建立职工名册备查。

● **典型案例**

1. 是否签订书面劳动合同不影响劳动关系的成立［甘肃省庆阳市中级人民法院（2014）庆中民终字第610号］

2013年4月20日，被告王某到某井场担任司钻，王某无相应资质证书。该工程属于甲公司承包的工程，甲公司将部分工程分包给乙公司，乙公司又将部分工程项目分包给丙公司，某井场属于丙公司分包的工程。2013年4月27日，王某在作业中受伤。2014年6月6日，县劳动人事争议仲裁委员会作出庆劳人仲案（2014）第4号裁决，确认王某与丙公司之间存在劳动关系。丙公司不服裁决，诉至法院。丙公司诉称：王某无相应资质证书，不能担任司钻职业，其不符合劳动合同法规定的劳动用工条件，与丙公司未构成法律意义上的劳动关系。王某辩称：是否签订书面劳动合同，不影响其与丙公司之间劳动关系的成立。其具备劳动法规定的劳动者的主体资格，至于其是否具有司钻的资格，与本案无关。

法院认为，丙公司为乙公司承包的甲公司工程的分包商之一，某井场属于丙公司分包的工程。证人证言已证实王某系在某井场工作时受伤，上述证据可证实王某系在丙公司承包的井场工作，应认定王某与丙公司之间存在劳动关系。

综上所述，用人单位自用工之日起即与劳动者建立劳动关系，其实质性标准是劳动者实际提供劳动，用人单位实际用工，是否签订书面的劳动合同，不影响双方之间劳动关系的成立。劳动者在实际劳动过程中遭受损害，足以作为认定劳动关系实际存在的证据，应享受工伤保险待遇。

2. 基于互联网平台提供劳务时劳动关系的认定 ［北京市第二中级人民法院（2016）京02民终4940号］

原告郑某自2013年9月22日起受被告某公司聘用从事汽车救援工作，双方未订立书面劳动合同。2014年8月23日，郑某与某公司因出勤工作量计算发生争议，某公司不再派予郑某勤务，且单方与其解除劳动关系。郑某向仲裁委申请仲裁。仲裁委作出京兴劳人仲字（2015）第0574号裁决：驳回郑某全部仲裁请求。郑某不服裁决，向法院起诉，请求确认其与某公司存在劳动关系等。某公司辩称：郑某与某公司之间不存在劳动关系。某公司只是起到传递信息的作用并作为平台营运者收取信息推送费。某公司的各项规章制度未适用于郑某，未对郑某实施过管理，也未向郑某支付劳动报酬，郑某从事的汽车救援工作不是某公司工作的组成部分。郑某与某公司未形成人身隶属关系，郑某自己租赁工作场所并利用自己的技能知识及设施从事汽车救援活动，经营风险由其自行承担。

法院认为，某公司未将郑某纳入其生产组织，郑某是否提供劳动、如何提供劳动并非完全由某公司控制，郑某所提供劳动并不具有从属性。某公司与郑某建立关系时并未就劳动关系项下的具体细节进行协商，郑某所提供劳动并不完全具有契约性。某公司与郑某并未就合作期限达成一致意见，双方的关系不具备长期性、持续性和稳定性的特征，不符合职业性的含义。某公司与郑某之间系按照维修次数和公里数结算报酬，某公司向郑某支付的报酬中不仅包含郑某所付出劳动的价值，还包括其自带工具、加油费等成本，郑某所提供劳动并不完全具有有偿性。据此，郑某所提供劳动不具有劳动法上的从属性、契约性、职业性、有偿性四方面的含义，故对其要求确认与某公司存在劳动关系的主张不予支持。

综上所述，提供汽车救援者基于互联网平台公司提供的信息提供劳务，但当提供汽车救援者对于是否提供劳务、劳务给付地、给付时间、给付方式都具有充分的自主权时，不能认定互联网平台公司对汽车救援者提供劳务的行为实施了充分的控制管理，不应认定双方存在劳动关系。

3. 澳吉尔公司与曾某确认劳动关系纠纷案（《最高人民法院公报》2019年第12期）

2015年9月14日，原告澳吉尔公司（甲方）与被告曾某（乙方）签订《劳务雇佣合同书》。曾某自协议签订之日起入职澳吉尔公司担任基地经理一职，按公司要求从事相应工作。甲方按照公司管理制度对曾某进行考勤、考核并按月发放工资。2016年9月，一年期满后，双方又续签一份合同。2016年12月18日，曾某在工作中受伤，双方就该事宜协商不成，曾某遂未再至澳吉尔公司处上班。2017年2月，曾某向劳动人事争议仲裁委员会申请确认与澳吉尔公司的劳动关系，劳动仲裁委经审理认为，双方虽签订的是劳务雇佣合同，但澳吉尔公司制定的各项规章制度适用于曾某，曾某受澳吉尔公司的劳动管理，被安排有报酬的劳动，该劳动是澳吉尔公司的业务组成部分，故裁决确认双方存在劳动关系。另查明，曾某系三墩电灌站职工，属事业单位在编人员。但因三墩电灌站属于财政定额补助的事业单位，无法正常发放职工工资，一年只能发放10000元生活费，曾某等多名职工外出自谋职业维持生存，仅在农忙灌溉季节回电灌站从事相应工作。

法院认为，本案争议焦点为澳吉尔公司与曾某之间是劳动关系还是劳务关系。合同性质不能仅凭合同名称而定，应当根据合同内容所涉法律关系，即合同双方当事人所设立的权利义务内容确定合同的性质。就本案而言，虽然澳吉尔公司与曾某所签订的合同名称为《劳务雇佣合同书》，但该合同内容却反映澳吉尔公司制定的各项规章制度适用于曾某，曾某受澳吉尔公司的劳动管理，从事澳吉尔公司安排的有报酬的劳动，且曾某提供的劳动是其业务的组成部分，故该合同约定的权利义务内容并不符合劳务合同的法律特征，而与劳动关系法律特征相符，因此应当认定本案合同性质为劳动合同。虽然在澳吉尔公司与曾某签订合同后，曾某仍然与三墩电灌站间存在人事关系，但由于单位经费等多方面原因，双方并未保持正常的履行状态。澳吉尔公司称应参照适用的《公务员法》中不得兼职的限制条件，是在保障公务员及相应人员基本生活水平的前提下确定的，现三墩电灌站发放的生活费难以维持正常生存，曾某至澳吉尔公司处工作，并不违反法律的限制性规定。

综上所述，劳动者按用人单位岗位要求提供劳动，受用人单位管理，以自己的劳动获取劳动报酬，符合劳动法律关系的特征，应当认定劳动者与用人单位之间存在劳动关系。即使劳动者与其他单位存在人事关系，但在非因劳动者自身原因导致该人事关系未正常履行且劳动者从其他单位取得的报酬不足以维持基本生活的情况下，用人单位以劳动者与其他单位存在人事关系为由，否认用人单位与劳动者之间存在劳动关系的，人民法院不予支持。

4. 李某与漫咖公司劳动合同纠纷案（《最高人民法院公报》2020年第10期）

被告漫咖公司于2016年6月27日注册成立。2017年11月29日，原告李某与漫咖公司签订《艺人独家合作协议》。李某通过漫咖公司在第三方直播平台上进行注册，从事网络直播活动，李某从事主播的过程中，其直播地点、直播内容、直播时长、直播时间段并不固定，收入主要是网络直播吸引网络粉丝在网络上购买虚拟礼物后的赠予，直播平台根据与李某、漫咖公司的约定将收益扣除部分后转账给漫咖公司，漫咖公司根据与李某的约定将收益扣除部分后转账给李某，转账时间和金额均不固定，有些转账名目上载明为工资。因漫咖公司拖欠工资，李某向劳动人事争议仲裁委员会申请仲裁，该仲裁委逾期未作出受理决定，故诉至法院。

  法院认为，本案的焦点在于李某与漫咖公司之间是否存在劳动关系。首先，从管理方式上看，漫咖公司没有对李某进行劳动管理。虽然李某通过漫咖公司在第三方直播平台上注册并从事网络直播活动，但李某的直播地点、直播内容、直播时长、直播时间段并不固定，李某亦无须遵守漫咖公司的各项劳动规章制度。尽管双方合作协议对李某的月直播天数及直播时长作出了约定，且漫咖公司可能就直播间卫生、休息时间就餐地点、工作牌遗失损毁等问题对李某进行处罚，但这些均应理解为李某基于双方直播合作关系应当履行的合同义务以及应当遵守的行业管理规定，并非漫咖公司对李某实施了劳动法意义上的管理行为。其次，从收入分配上看，漫咖公司没有向李某支付劳动报酬。李某的直播收入虽由漫咖公司支付，但主要是李某通过网络直播吸引粉丝获得打赏所得，漫咖公司仅按照其与直播平台和李某之间的约定比例进行收益分配，漫咖公司无法掌控和决定李某的收入金额，双方在合作协议中约定的保底收入应属于漫咖公司给予直播合作伙伴的保障和激励费用，并非李某收入的主要来源，故漫咖公司基于合作协议向李某支付的直播收入不是用人单位向劳动者支付的劳动报酬。最后，从工作内容上看，李某从事的网络直播活动并非漫咖公司业务的组成部分。李某从事网络直播的平台由第三方所有和提供，网络直播本身不属于漫咖公司的经营范围，漫咖公司的经营范围仅包括直播策划服务，并不包括信息网络传播视听节目等内容，虽然双方合作协议约定漫咖公司享有李某直播作品的著作权，但不能据此推论李某从事直播活动系履行职务行为，故李某从事的网络直播活动不是漫咖公司业务的组成部分。因此，李某与漫咖公司之间不符合劳动关系的法律特征，对李某基于劳动关系提出的各项诉讼请求不予支持。

综上所述，网络主播与合作公司签订艺人独家合作协议，通过合作公司包装推荐，自行在第三方直播平台上注册，从事网络直播活动，并按合作协议获取直播收入。因合作公司没有对网络主播实施具有人身隶属性的劳动管理行为，网络主播从事的直播活动并非合作公司的业务组成部分，其基于合作协议获得的直播收入亦不是《劳动法》意义上的具有经济从属性的劳动报酬。因此，二者不符合劳动关系的法律特征，网络主播基于劳动关系提出的各项诉讼请求，不应予以支持。

5. 曾某与某集团公司、某甲子公司劳动合同纠纷案（重庆市高级人民法院发布第五批劳动争议十大典型案例之五）①

某甲子公司与某乙子公司均系某集团公司的下设子公司。2013年2月15日，曾某与某甲子公司签订《劳动合同书》。2013年2月16日起，曾某一直在某甲子公司上班。2015年8月26日，曾某到某乙子公司上班。2015年10月25日，某集团公司发出关于曾某职务任免的通知，聘任曾某为某乙子公司副总经理，分管工程部、研发部。2016年8月25日，某集团公司向某甲子公司发出《通知》，载明："根据集团公司总裁办公会研究，自2016年8月26日起，你单位副总经理曾某的工资由集团公司绩效考核领导小组负责考核，并转由集

---

① 载微信公众号"重庆市高级人民法院"，https://mp.weixin.qq.com/s/81TBYW5oQN0OUhbPzik9KA，2023年11月24日访问，以下不再标注。

团总部行政人事中心造册发放。请你单位综合部接此通知后及时与集团公司行政人事中心对接薪酬绩效考核发放事宜。"2016年10月19日,曾某向某甲子公司通过快递方式发出《解除劳动合同通知书(辞职信)》,解除劳动合同理由为未及时足额支付劳动报酬,未依法为劳动者缴纳社会保险费。某甲子公司于2016年10月20日签收。2016年10月27日,曾某申请仲裁,请求裁决支付劳动报酬、经济补偿金、未休年休假报酬。仲裁委员会作出裁决后,曾某不服该仲裁裁决提起诉讼。

  法院认为,虽然某集团公司与某甲子公司以及某乙子公司系母子公司关系,但在法律性质上却均具有法人资格,且各自具有独立的法律主体地位和用工主体地位。曾某于2015年8月26日开始到某乙子公司上班,之后某集团公司于2015年10月25日发出关于曾某职务任免的通知,聘任曾某为某乙子公司副总经理,分管工程部、研发部。由此可知,曾某于2015年8月26日开始到某乙子公司上班的行为系受某集团公司的安排,曾某未对某集团公司的安排提出异议并实际到某乙子公司上班,曾某的劳动报酬亦由某集团公司进行考核和发放,故应当认定曾某某在某集团公司发出职务任免通知之前与某甲子公司存在劳动关系,在某集团公司发出职务任免通知之后与某集团公司存在劳动关系。遂判决曾某在某甲子公司工作期间的劳动报酬由某甲子公司支付,曾某在某乙子公司工作期间劳动报酬由某集团公司支付。

  综上所述,集团公司及其下设子公司均具有独立的法律主体地位和用工主体地位,集团公司对其下设子公司工作人员进行人事调动的,应当根据该工作人员的工资考核主体、对该工作人员的管理主体等因素认定其与何者存在劳动关系。

6. 劳动者仅向用人单位提供执业资格证书的，双方不构成劳动关系（江苏省高级人民法院 2019 年度劳动争议十大典型案例之四）①

2012 年 2 月 9 日，周某与某建筑公司签订《全日制劳动合同书》一份，约定劳动合同期限自 2012 年 2 月 9 日起至 2022 年 2 月 8 日止。当日，又签订《二级建造师聘用合同书》一份，约定某建筑公司为发展需要使用周某的二级建造师证书，合同期限内年度使用费为 9000 元。合同签订后，周某未至某建筑公司处工作，某建筑公司亦未按劳动合同约定向周某支付报酬，仅支付了 2012 年、2013 年、2014 年、2015 年的证书使用费用，并自 2016 年 8 月起为周某缴纳社会保险至 2019 年 3 月。周某申请劳动仲裁，请求某建筑公司支付劳动报酬。仲裁委不予支持，周某诉至法院。

法院认为，周某虽与某建筑公司签订劳动合同，某建筑公司亦为其缴纳社会保险，但周某并未实际到某建筑公司上班，仅是将建造师证书提供给某建筑公司使用。在某建筑公司未实际用工的情况下，周某主张公司支付劳动报酬不能成立，遂判决驳回周某的诉讼请求。

综上所述，劳动者仅提供执业资格证书供用人单位使用而未实际提供劳动的，其根据双方签订的劳动合同主张拖欠的劳动报酬，不予支持。

7. 矿业有限公司诉毕某劳动争议纠纷案（黑龙江省维护劳动者合法权益十大典型案例之一）②

被告毕某于 2014 年 6 月 14 日到原告矿业公司碎矿车间工作。

---

① 载江苏法院网，http://jsfy.gov.cn/article/91655.html，2023 年 11 月 24 日访问，以下不再标注。

② 载黑龙江法院网，http://www.hljcourt.gov.cn/public/detail.php?id=17628，2023 年 11 月 24 日访问，以下不再标注。

2014年7月21日凌晨2点左右,毕某在工作中挤伤左手食指。毕某出院后,多次找到矿业公司协商工伤赔偿事宜均未果。2014年10月14日毕某申请劳动仲裁,经仲裁裁决毕某与矿业公司存在劳动关系。矿业公司对该裁决不服,诉讼至法院请求确认矿业公司与毕某之间不存在劳动关系。

  法院认为,劳动和社会保障部《关于确立劳动关系有关事项的通知》第1条规定:"用人单位招用劳动者未订立书面劳动合同,但同时具备下列情形的,劳动关系成立。(一)用人单位和劳动者符合法律、法规规定的主体资格;(二)用人单位依法制定的各项劳动规章制度适用于劳动者,劳动者受用人单位的劳动管理,从事用人单位安排的有报酬的劳动;(三)劳动者提供的劳动是用人单位业务的组成部分。"本案中,原告与被告符合法律、法规规定的主体资格,并且矿业公司提供的刷卡记录显示,毕某已经在矿业公司从事用人单位安排的有报酬的劳动,因此,一审法院确认原被告之间存在劳动关系。

  综上所述,《劳动法》第16条规定:"劳动合同是劳动者与用人单位确立劳动关系、明确双方权利和义务的协议。建立劳动关系应当订立劳动合同。"同时,为了解决劳动合同签订率低的问题2013年,《劳动合同法》将签订劳动合同设定为用人单位单方的义务,并采取惩罚性赔偿、强制认定为无固定期限劳动合同等手段进行保护,但在实践中,仍存在大量未签订书面劳动合同不规范用工现象。为了解决实践中存在的问题,劳动和社会保障部《关于确立劳动关系有关事项的通知》第1条对此作出了规定。该通知第2条还具体规定:"用人单位未与劳动者签订劳动合同认定双方存在劳动关系时可参照下列凭证:(一)工资支付凭证或记录(职工工资发放花名册)、缴纳各项社会保险费的记录；（二）用人单位向劳动者发放的'工作证'、'服务证'等能够证明身份的证件；（三）劳动者填写的用人单位招工招聘'登记表'、'报名表'等招用记录；（四）考勤记录；（五）其他劳动者的证言等。"还要注意第5项中的"等"字，即不局限于所列举的五类凭证，还有其他足以证明的证据，如劳动者个人所作的开会记录、工作记录以及涉及工作内容的日记等。通过这些相关规定来认定劳动者与用人单位之间是否存在劳动关系，这将对化解双方的劳动争议，保护劳动者的权益起到积极的作用。

● 相关规定

《劳动合同法》第10条；《劳动法》第16条；《劳动合同法实施条例》第8条；《最高人民法院关于审理劳动争议案件适用法律问题的解释（一）》第33条

第八条 用人单位的告知义务和劳动者的说明义务

用人单位招用劳动者时，应当如实告知劳动者工作内容、工作条件、工作地点、职业危害、安全生产状况、劳动报酬，以及劳动者要求了解的其他情况；用人单位有权了解劳动者与劳动合同直接相关的基本情况，劳动者应当如实说明。

● 典型案例

1. 劳动者应遵守用人单位依法制定的规章制度（江苏省高级人民法院发布2016~2018年度劳动争议十大典型案例之九）[①]

翁某于2009年4月1日入职某电器公司。2016年2月，公司依

[①] 载江苏法院网，http://www.jsfy.gov.cn/article/91674.html，2023年11月24日访问，以下不再标注。

民主程序制定了《员工行为规范（2016版）》，并对发布行为进行了公证。其中，附件五为亲属关系诚信申报承诺书，要求员工主动申报与某集团及外部供应商、代理商、经销商员工存在的亲属关系，并具体列明了亲属关系的情形；未主动申报前条任一情形的，公司有权对员工予以解除劳动关系。翁某知晓该规章制度，并填写承诺书。2017年4月，公司经调查发现翁某未如实填写承诺书，隐瞒了其父亲在供应商某粉末公司工作的事实。4月19日，电器公司找翁某谈话，翁某认为父亲仅为"临时工"；后公司再找翁某谈话，希望翁某如实申报，但翁某仍否认其存在不实申报的行为。公司向工会征求意见后于2017年4月26日以翁某严重违反公司规章制度为由解除双方劳动关系。翁某申请仲裁，请求确认某电器公司违法解除劳动合同并支付赔偿金。仲裁委未支持翁某的仲裁请求。翁某诉至法院。

  法院认为，用人单位有权根据本单位的经营需要和特点制定相应的规章制度。某电器公司基于经营环境、秩序的构建以及对员工诚信的要求，规定内部申报亲属关系并不违法。翁某在填写申报表之前就已经知晓其父亲在供应商工作的事实，但其在填写申报表时并未将该情况如实填写，属于明知故犯，且在公司找其谈话时无悔改之意，构成严重违反规章制度，某电器公司可以据此解除劳动合同，遂判决驳回翁某的诉讼请求。

  综上所述，劳动者应当遵守用人单位依法制定并公布且内容不违反法律强制性规定的规章制度。劳动者严重违反该规章制度的，用人单位有权单方解除劳动合同。

2. 某酒店公司与谢某某劳动争议案（重庆市高级人民法院发布第六批劳动争议十大典型案例之六）①

谢某某自 2010 年 9 月起与某酒店公司建立劳动关系，其工作岗位为保安。2018 年 1 月 1 日，双方签订了《劳动合同书》，约定合同期限从 2018 年 1 月 1 日起至 2020 年 12 月 31 日止。2017 年，某酒店公司与谢某某因某酒店公司修建污水处理设备是否属于占用谢某某的土地、是否应当向谢某某支付土地占用费而发生纠纷。2018 年 8 月，谢某某以某酒店公司占用其土地、未向其支付占用费为由将污水处理设备的排风扇踢坏并阻扰维修。2018 年 9 月 8 日，某酒店公司以谢某某严重违反公司规章制度为由解除与谢某某的劳动关系。谢某某申请仲裁，某酒店公司对仲裁裁决不服，提起诉讼，请求不支付谢某某违法解除劳动合同的赔偿金。

法院认为，谢某某是某酒店公司的员工，但同时因某酒店公司修建污水处理设备占用谢某某土地且未向谢某某支付占用费，谢某某亦属于相关权利人，谢某某的身份存在混同。本案中，谢某某损坏某酒店公司的污水处理设备并阻扰维修的行为系基于某酒店公司修建污水处理设备占用谢某某土地未支付占用费而产生，并非为某酒店公司提供劳动的行为，某酒店公司以谢某某实施以上行为严重违反公司规章制度为由解除劳动合同，混淆了谢某某的行为性质，属于违法解除劳动合同。人民法院遂判决某酒店公司向谢某某支付违法解除劳动合同的赔偿金。

综上所述，劳动者作为员工的身份与其他身份存在混同时，应当对劳动者的行为性质进行区分，用人单位以劳动者以其他身份从事的民事行为违反规章制度为由解除劳动合同的，如果劳动者的行为本身

---

① 载微信公众号"重庆市高级人民法院"，https：//mp.weixin.qq.com/s/EAYo2yGqys5j5_fJv730rQ，2023 年 11 月 24 日访问，以下不再标注。

具有正当性，应当认定用人单位违法解除劳动合同。

● *相关案例索引*

任某与某公司劳动合同纠纷案［北京市第三中级人民法院（2015）三中民终字第09857号］

用人单位有权了解劳动者与劳动合同直接相关的违背真实意思的情况下订立劳动合同的，劳动合同无效。学历学位代表劳动者的真实学习经历，系用人单位初步判断劳动者工作能力、综合素质等基本情况的关键因素，直接影响用人单位是否招用劳动者之决定，劳动者应依照诚实信用原则履行如实说明义务。

● *相关规定*

《劳动合同法》第26条；《劳动法》第18条

第九条 **用人单位不得扣押劳动者证件和要求提供担保**

用人单位招用劳动者，不得扣押劳动者的居民身份证和其他证件，不得要求劳动者提供担保或者以其他名义向劳动者收取财物。

● *相关规定*

《劳动合同法》第84条

第十条 **订立书面劳动合同**

建立劳动关系，应当订立书面劳动合同。

已建立劳动关系，未同时订立书面劳动合同的，应当自用工之日起一个月内订立书面劳动合同。

用人单位与劳动者在用工前订立劳动合同的，劳动关系自用工之日起建立。

● **实用问答**

1. 问：劳动合同最晚签订时间是何时？

答：应当自用工之日起一个月内签订书面劳动合同。如用人单位与劳动者在用工前已签订劳动合同的（包括用人单位安排劳动者参加上岗前培训、学习的），劳动关系自正式用工之日起建立。

2. 问：网络平台经营者与相关从业人员之间是否成立劳动关系？

答：网络平台经营者与相关从业人员之间订立书面劳动合同并按劳动合同履行的，认定为劳动关系；双方订立承包、租赁、联营等合同，并建立营运风险共担、利益共享分配机制的，按双方约定执行，不应认定双方存在劳动关系。实际履行与约定不一致或双方未约定的，以实际履行情况认定。双方未签订书面劳动合同的，依据劳动和社会保障部《关于确立劳动关系有关事项的通知》的有关规定，根据劳动者的工作时长、工作频次、工作场所、报酬结算、劳动工具等，企业对劳动者的监督管理程度、惩戒措施等因素综合认定是否存在劳动关系。

3. 问：劳动者以劳动合同倒签或补签为由主张未签订书面劳动合同二倍工资差额的，应如何处理？

答：双方将劳动合同的签字日期倒签在法定期限之内，劳动者以劳动合同倒签为由主张未签订书面劳动合同二倍工资差额的，不予支持。但有证据证明存在欺诈、胁迫情形的除外。双方补签劳动合同的，劳动者主张实际用工之日至补签前一日扣除一个月订立书面劳动合同宽限期的二倍工资差额，应予支持。

4. 问：劳动者主张用人单位支付二倍工资差额，用人单位以因劳动者原因未订立书面劳动合同为由抗辩的，应如何处理？

答：用人单位有证据证明其已主动履行订立劳动合同义务，但劳动者拒绝订立劳动合同或者劳动者利用主管人事等职权故意不订立劳动合同,以及因其他客观原因导致用人单位无法及时与劳动者订立劳动合同的,劳动者主张用人单位支付二倍工资差额的,不予支持。

5. 问:未订立书面劳动合同二倍工资差额的计算基数应如何认定?

答:二倍工资差额的计算基数应是劳动者对应月份实际发放工资,不含以下部分:(1)延长工作时间的工资报酬。(2)因劳动者工作业绩而随机发放的效益工资、提成等。(3)支付周期超过一个月的劳动报酬,如季度奖、半年奖、年终奖、年底双薪以及按照季度、半年、年结算的业务提成等。(4)未确定支付周期的劳动报酬,如一次性发放的奖金、津贴、补贴等。(5)法律、法规和国家规定的劳动者福利待遇等。但劳动者正常工作时间的工资低于当地最低工资标准的,以当地最低工资标准为计算基数。

● **典型案例**

1. 工作任务包干责任制不影响劳动关系认定(福建省高级人民法院劳动争议纠纷典型案例之一)[①]

2013年1月1日及2015年7月1日,某保洁公司先后与覃某某签订两份《保洁包干制协议》,约定覃某某以独立承包的方式,每天保质保量完成指定区域的卫生保洁工作,每月保洁承包费1700元,如没有达到所要求的保洁质量,可给予警告甚至扣除10%保洁承包费,覃某某所需保洁用品、用具由某保洁公司提供。在该两份协议履行过程中,某保洁公司向覃某某每月支付现金1700元,2013年6月起通过转账支付,其中对2015年10月至2016年2月转账款项备注

[①] 载福建省高级人民法院网站,https://www.fjcourt.gov.cn/Page/Court/News/ArticleTradition/affe833f-e199-4730-9247-7e70038c96bf.html,2023年11月24日访问。

"工资"，转帐金额每月1700元或1800元。2016年1月20日，覃某某发生交通事故，同日某保洁公司出具《证明》，记载我公司员工覃某某，在上班途中遭遇交通事故受伤。2017年1月19日，覃某某申请劳动仲裁，请求确认与某保洁公司存在劳动关系，并请求支付未签订书面劳动合同二倍工资等。

法院认为，某保洁公司指定覃某某在具体区域从事保洁工作，提供劳动工具，支付相应报酬，并在部分报酬转账记录备注"工资"，出具《证明》确认覃某某为公司员工等，双方符合劳动关系特征，可以认定双方自2013年1月1日起存在劳动关系。某保洁公司以《保洁包干制协议》约定为由主张承包关系，依据不足，不予认定。在双方劳动关系存续期间，某保洁公司未与覃某某签订书面劳动合同，根据《劳动合同法》第82条第1款规定，应向覃某某支付二倍的工资19200元。

综上所述，《劳动合同法》第10条明确规定，建立劳动关系，应当订立书面劳动合同。但实践中仍有一些用人单位有意规避劳动法律义务，通过签订挂靠、承包合同替代劳动合同，有意混淆劳动关系，规避用人单位义务。当事人没有签订书面劳动合同，对于双方是否存在事实劳动关系，应当根据案件事实及相关规定进行审查认定。

2. 劳动者选择签订固定期限劳动合同后不得再主张未签订无固定期限劳动合同的二倍工资（江苏省高级人民法院发布2016~2018年度劳动争议十大典型案例之二）

马某系商贸公司总账会计。2013年7月，双方签订第一份固定期限劳动合同，期限自2013年7月1日起至2014年6月30日止；2014年7月1日，双方签订第二份固定期限劳动合同，期限自2014年7月1日起至2015年6月30日止；2015年7月1日，双方签订第三份固定期限劳动合同，期限自 2015 年 7 月 1 日起至 2016 年 6 月 30 日止。2015 年 11 月 1 日，马某申请辞职，商贸公司于 2015 年 11 月 11 日批准马某辞职。之后，马某申请劳动仲裁，请求裁令商贸公司支付未签订无固定期限劳动合同二倍工资。仲裁委未予支持，后马某起诉至法院。

法院认为，马某虽符合用人单位应当订立无固定期限劳动合同的情形，但其与商贸公司已签订期限自 2015 年 7 月 1 日起至 2016 年 6 月 30 日止的固定期限劳动合同，且马某未能提供证据证明该劳动合同的签订违背其真实意思表示，应当视为双方对劳动合同的期限协商一致。商贸公司在此基础上与马某签订固定期限劳动合同并未违反法律规定，故判决驳回马某要求商贸公司支付未签订无固定期限劳动合同二倍工资的诉讼请求。

综上所述，劳动者在符合签订无固定期限劳动合同情形下选择与用人单位签订固定期限劳动合同的，不得另行主张未订立无固定期限劳动合同的二倍工资。

3. 周某与某科技公司劳动合同纠纷案（重庆市高级人民法院发布劳动争议典型案例之四）[①]

周某于 2014 年 10 月 8 日到某科技公司担任销售总监。2014 年 10 月 8 日至 2015 年 10 月 6 日，某科技公司未与周某签订书面劳动合同。2015 年 10 月 7 日，双方补签了书面劳动合同，约定周某的劳动合同期限自 2014 年 10 月 8 日起至 2016 年 10 月 7 日止。2016 年，周某离职并申请仲裁，要求某科技公司支付未签订书面劳动合同的二倍工资差额 12 万元。仲裁机构裁决驳回周某的仲裁申请，周某不服遂向法

[①] 载重庆市人力资源和社会保障局网站，https://rlsbj.cq.gov.cn/ywzl/shbx/zczs/zhl/202006/t20200604_7541602.html，2023 年 11 月 24 日访问，以下不再标注。

院提起诉讼。

法院认为，某科技公司虽然未按照法定期限与周某签订书面劳动合同，但双方于2015年10月7日补签劳动合同时，将劳动合同期限约定为2014年10月8日至2016年10月7日，该期间包含了已经履行的劳动关系期间，应视为双方自始签订了劳动合同。周某在补签劳动合同时，选择同意对劳动合同期限作出上述约定，应视为其对之前未签劳动合同期间本应获得二倍工资差额权利的放弃。周某的劳动权利已经通过补签劳动合同的方式获得保障，在其未举证证明补签劳动合同并非其真实意思表示的情况下，周某再主张未签劳动合同的二倍工资差额，不应得到支持。法院遂判决驳回周某的诉讼请求。

综上所述，用人单位与劳动者建立劳动关系后，未依法在用工之日起一个月内签订书面劳动合同，在劳动关系存续一定时间后，双方补签劳动合同，并约定劳动合同期限从实际用工之日起算的，应视为用人单位与劳动者达成合意，劳动者主张支付未签劳动合同二倍工资的，人民法院不予支持。

4. 人力资源管理人员主张未签订书面劳动合同二倍工资差额不应支持（广东高院发布劳动争议十大典型案例之九）[①]

刘某于2016年8月入职某技术服务公司，工作岗位为公司总经理，全面负责公司的经营，双方未签订书面劳动合同。公司没有专职负责人力资源管理的主管，刘某在该技术服务公司工作至2017年9月，其曾代表公司招录其他员工入职。刘某主张公司向其支付未签订书面劳动合同的二倍工资差额。

法院认为，刘某作为总经理，其工作职责范围包括代表公司依法

[①] 载广东政法网，https://www.gdzf.org.cn/yasf/content/post_110682.html，2023年11月24日访问，以下不再标注。

与劳动者签订劳动合同，应当知晓订立书面劳动合同的相关规定及不订立书面劳动合同的法律后果，其未与技术服务公司签订劳动合同系因其自身未履行工作职责所致。因此，刘某主张技术服务公司应向其支付未签订书面劳动合同的二倍工资差额，法院不予支持。

综上所述，公司总经理等负责人力资源管理的人员，应主动要求与公司签订劳动合同，否则不应请求公司支付未签订书面劳动合同的二倍工资差额。本案对规范公司人力资源管理人员依法履职、保障用人单位合法权益具有积极意义。

5. 某驾校与孟某平劳动合同纠纷案（2014年湖南省高级人民法院涉农民工权益司法保护典型十大案例之五）[①]

2012年10月2日，孟某平到某驾校从事教练员工作，双方未签订书面劳动合同，孟某平的基本工资为1580元。2013年7月24日，孟某平因病住院，共花去医疗费5652.22元。2013年9月27日，孟某平出院后回某驾校上班。2013年10月20日，孟某平离职。2013年12月2日，孟某平向劳动人事争议仲裁委员会提出仲裁申请，2014年1月16日，该仲裁委员会作出裁决，裁决内容为：（1）某驾校支付孟某平医药费5652.22元；（2）某驾校支付孟某平病假工资1680元；（3）某驾校支付孟某平未签订劳动合同双倍工资14320元；（4）某驾校支付孟某平经济补偿1580元；（5）驳回孟某平其他申诉请求。以上1、2、3、4四项费用共计23232.22元，由某驾校支付给孟某平。另查明，某驾校未发放2013年7月24日至2013年9月医疗期间的工资给孟某平，亦没有为孟某平购买社会保险。双方于2013年10月20日协商解除劳动关系。2013年宁乡县月最低工资标准为1050元/月。经

[①] 载湖南省高级人民法院网站，http：//hngy.hunancourt.gov.cn/article/detail/2015/01/id/1538723.shtml，2023年11月24日访问，以下不再标注。

宁乡县城镇职工医疗保险中心核算，孟某平花去的医疗费5652.22元，可在医疗基本统筹基金支付金额为3508.39元。孟某平住院期间花去医疗费用5652.22元已在宁乡县农村居民合作医疗获得保险补助3012.3元。

法院认为，某驾校与孟某平虽未签订书面劳动合同，但双方建立了事实劳动关系。孟某平在工作期间因病住院，应当享受医疗期间工资及医疗保险待遇，某驾校未为孟某平缴纳医疗保险费，应当赔偿孟某平医疗保险待遇损失，用人单位为劳动者缴纳社会保险是法定强制义务，不因当事人双方协商解决而免除。经核算，在孟某平花去的医疗费中，基本统筹基金支付金额为3508.39元，除去已经补助的农村合作医疗保险3012.3元，某驾校应当支付孟建平医疗费496.09元。孟某平在医疗期间的工资不能低于最低工资标准的80%，孟某平所在地月最低工资标准为1050元/月，故某驾校应当支付孟某平医疗期工资1680元。某驾校与孟某平协商一致解除劳动关系，某驾校应当向孟某平支付经济补偿金1580元。双方自2012年10月2日起建立劳动关系，但自用工之日起超过一个月不满一年未与劳动者订立书面劳动合同的，故某驾校应当向孟某平支付双倍工资。某培训学校支付双倍工资时间为2012年11月2日至2013年10月20日，仲裁裁决某驾校向孟某平支付双倍工资14320元应予以支持。综上：某驾校应支付孟某平医疗费496.09元、医疗期间工资1680元和经济补偿金1580元、双倍工资14320元，合计18076.09元。

综上所述，用人单位应当与劳动者订立书面的劳动合同，如果用人单位自用工之日起超过一个月不满一年未与劳动者订立书面劳动合同的，应当向劳动者每月支付二倍的工资。此外，用人单位依法还应当为劳动者购买养老、医疗、失业、工伤等社会保险，这是用人单位的强制性义务，不因劳动者同意或放弃而免除用人单位的法定义务。如果用人单位未购买上述保险，劳动者受工伤，那么用人单位则应当依法赔付劳动者因工伤产生的医疗费用、一次性伤残补助等工伤保险待遇，还应当支付停工期间的工资，如果劳动合同解除，用人单位还需支付因解除合同的经济补偿金。

6. 刘丹萍与仁创公司劳动争议纠纷案（《最高人民法院公报》2018年第7期）

刘丹萍于2015年3月10日进入仁创公司工作，担任人事主管，主要负责人员招聘、培训及薪酬管理工作。2015年7月23日刘丹萍离开仁创公司，并于同日以仁创公司未与其签订劳动合同，未依法给予其哺乳期内每天1小时的哺乳时间，且未足额支付其月度工资严重侵害其合法权益为由，向仁创公司寄送《解除通知函》，通知仁创公司自2015年7月24日起解除双方的劳动关系，并要求仁创公司给予补偿。

法院认为，建立劳动关系，应当订立书面劳动合同。已建立劳动关系，未同时订立劳动合同的，应当自用工之日起一个月内订立书面劳动合同。用人单位自用工之日起超过一个月不满一年未与劳动者订立书面劳动合同的，应当向劳动者每月支付二倍的工资。用人单位应当按照劳动合同约定和国家规定，按时足额支付劳动报酬。本案中，双方之间存在劳动关系，被告仁创公司提交的工资表足以确认仁创公司预留原告刘丹萍2015年5月工资833元，仁创公司应当按照合同约定和国家规定按时足额支付。仁创公司辩称2015年5月工资表系刘丹萍恶意制作，但未提交证据证明，故法院不予采信。故对刘丹萍要求仁创公司支付其2015年3月至7月的预留工资，法院予以部分支持。

综上所述，用人单位未与人事主管订立书面劳动合同，人事主管诉请用人单位支付因未订立书面劳动合同的二倍工资赔偿，因订立书面劳动合同系人事主管的工作职责，人事主管有义务提示用人单位与其订立书面劳动合同，人事主管如不能举证证明其曾提示用人单位与其订立书面劳动合同，则不应支持其诉讼请求。

● **相关案例索引**

俞某与某建材公司劳动争议纠纷案 [浙江省杭州市中级人民法院(2013)浙杭民终字第2732号]

用人单位是否支付二倍工资，应考量未签订书面劳动合同的原因。如果是用人单位的原因，则用人单位应当支付二倍工资；如果是其他原因包括劳动者的原因，用人单位不需要支付二倍工资。可归责是判断用人单位是否承担二倍工资的基本原则。劳动者已经与其他用人单位签订书面劳动合同，又要求与新的用人单位签订书面劳动合同而未签订的，不能主张二倍工资。

● **相关规定**

《劳动合同法》第14条、第82条；《劳动法》第19条

第十一条 未订立书面劳动合同时劳动报酬不明确的解决

用人单位未在用工的同时订立书面劳动合同，与劳动者约定的劳动报酬不明确的，新招用的劳动者的劳动报酬按照集体合同规定的标准执行；没有集体合同或者集体合同未规定的，实行同工同酬。

● *相关案例索引*

某玻璃制品公司与陈某某劳动争议纠纷案 [浙江省绍兴市中级人民法院（2010）浙绍民终字第175号]

《劳动合同法》第11条规定的同工同酬原则，在适用时采纳劳动者实际工作期间当地社会平均工资作为参考标准。劳动者在仲裁或者诉讼的请求金额低于这个标准且符合实际情况的，按照劳动者请求的金额执行。

● *相关规定*

《劳动合同法》第18条；《劳动法》第46条

第十二条　劳动合同的种类

劳动合同分为固定期限劳动合同、无固定期限劳动合同和以完成一定工作任务为期限的劳动合同。

● *实用问答*

问：劳动合同的种类有哪些？

答：（1）固定期限劳动合同，是指用人单位与劳动者约定合同终止时间的劳动合同。（2）无固定期限劳动合同，是指用人单位与劳动者约定无确定终止时间的劳动合同。（3）以完成一定工作任务为期限的劳动合同，是指用人单位与劳动者约定以某项工作的完成为合同期限的劳动合同。

● *相关规定*

《劳动合同法》第13条、第14条、第15条；《劳动法》第20条

第十三条　固定期限劳动合同

固定期限劳动合同,是指用人单位与劳动者约定合同终止时间的劳动合同。

用人单位与劳动者协商一致,可以订立固定期限劳动合同。

● *相关规定*

《劳动法》第 20 条

第十四条　无固定期限劳动合同

无固定期限劳动合同,是指用人单位与劳动者约定无确定终止时间的劳动合同。

用人单位与劳动者协商一致,可以订立无固定期限劳动合同。有下列情形之一,劳动者提出或者同意续订、订立劳动合同的,除劳动者提出订立固定期限劳动合同外,应当订立无固定期限劳动合同:

(一) 劳动者在该用人单位连续工作满十年的;

(二) 用人单位初次实行劳动合同制度或者国有企业改制重新订立劳动合同时,劳动者在该用人单位连续工作满十年且距法定退休年龄不足十年的;

(三) 连续订立二次固定期限劳动合同,且劳动者没有本法第三十九条和第四十条第一项、第二项规定的情形,续订劳动合同的。

用人单位自用工之日起满一年不与劳动者订立书面劳动合同的,视为用人单位与劳动者已订立无固定期限劳动合同。

● **条文注释**

　　无固定期限劳动合同，是指用人单位与劳动者约定无确定终止时间的劳动合同。"无确定终止时间"是指劳动合同没有一个确切的终止时间，劳动合同的期限长短不能确定，但并不是没有终止时间。只要没有出现法定解除情形或者双方协商一致解除的，双方当事人就要继续履行劳动合同。一旦出现了法定情形或者双方协商一致解除的，无固定期限劳动合同同样也能够解除。由此可见，无固定期限合同并不是没有终止时间的"铁饭碗"，只要符合法律规定的条件，劳动者与用人单位都可以依法解除劳动合同。

● **实用问答**

　　问：符合条件的劳动者提出与用人单位签订无固定期限劳动合同，用人单位不予签订，劳动者请求人民法院判令用人单位签订，应如何处理？

　　答：符合条件的劳动者提出与用人单位签订无固定期限劳动合同，用人单位不予签订，劳动者请求人民法院判令用人单位签订的，人民法院应向劳动者释明可以将诉讼请求变更为要求确认双方存在无固定期限劳动合同关系，劳动者拒绝变更的，对其诉讼请求不予支持。

● **典型案例**

　　某公司与蔡某劳动争议纠纷案　[广东省高级人民法院（2016）粤民再120号]

　　蔡某于2002年8月26日入职某公司，安排至第三人某公司南区分公司处工作。双方签订的最后一期劳动合同期限为2009年8月26日至2012年8月25日。在职期间，蔡某经机电工会批准担任某公司工会委员，任期为2010年5月7日至2013年4月29日。2012年8月

25日双方劳动合同到期后，某公司于同月日向蔡某发出《劳动合同期满时员工仍在担任工会委员的告知事宜》，通知劳动合同期届满后自动续延至蔡某工会委员任期届满之日，双方劳动关系自动终止。2013年10月27日某公司向蔡某发出《离职手续事宜》，以工会改选将于同月28日完成，蔡某不在新一届工会委员会成员名单中，双方劳动关系于2013年10月27日终止为由，通知蔡某于同年10月31日前完成相关离职手续。蔡某于2014年2月27日申请仲裁，要求某公司及某公司南区分公司支付2012年8月26日至2013年11月30日期间未签订无固定期限劳动合同额外一倍工资、违法终止劳动关系赔偿金，并裁决双方于2013年11月30日终止劳动合同关系。仲裁委裁决：某公司支付蔡某违法解除劳动关系赔偿金326393元、2013年5月30日至2013年11月12日期间未签书面劳动合同额外一倍工资77479.6元。某公司不服，诉至法院。

　　法院认为，本案的争议是关于某公司应否向蔡某支付未签订劳动合同的双倍工资差额的问题。根据已查明的事实，蔡某于2010年5月7日经机电工会同意增补为某公司工会委员，任期至2013年4月29日届满，工会换届选举大会于2013年11月28日召开。某公司于2012年8月20日作出告知，明确双方劳动合同期届满后自动续延至蔡某工会任期届满之日，双方确认蔡某履行工会委员职责至工会委员换届选举完成。某公司的真实意思表示是双方劳动合同续延至蔡某不再履行工会委员职责之时，即工会换届选举大会召开之日。据此，某公司与蔡某的劳动合同依法续延至2013年11月28日，某公司无须向蔡某支付未签订劳动合同的双倍工资差额。关于某公司应否向蔡某支付违法解除劳动关系赔偿金的问题。蔡某于2002年8月26日至2013年11月28日已在某公司连续工作满十年，亦明确要求签订无固定期限劳动合同，根据《劳动合同法》第14条第2款规定，某公司应当与蔡某订立无固定期限劳动合同，但某公司却拒绝签订并解除双方劳动合同，根据《劳动合同法》第48条、第87条规定，某公司属违法解除劳动合同，应向蔡某支付违法解除劳动关系赔偿金。

综上所述，兼任工会委员的劳动者尚未履行的劳动合同期限短于工会委员任期的，劳动合同履行期限应当延至用人单位工会换届选举实际完成之日届满，但劳动合同另有约定的除外。

● *相关案例索引*

某公司与梁某劳动合同纠纷案［重庆市第一中级人民法院（2016）渝01民终6882号］

在劳动者被认定为工伤，因劳动者原因未签订无固定期限劳动合同，用人单位按原固定期限劳动合同按时支付了工资等劳动报酬情形下，用人单位不应向劳动者再承担每月支付二倍工资差额的责任。

● *相关规定*

《劳动合同法》第36条、第37条、第38条、第39条、第40条、第82条；《劳动法》第20条；《劳动合同法实施条例》第9条

第十五条　以完成一定工作任务为期限的劳动合同

以完成一定工作任务为期限的劳动合同，是指用人单位与劳动者约定以某项工作的完成为合同期限的劳动合同。

用人单位与劳动者协商一致，可以订立以完成一定工作任务为期限的劳动合同。

● *相关规定*

《劳动法》第20条

第十六条　劳动合同的生效

劳动合同由用人单位与劳动者协商一致，并经用人单位与劳动者在劳动合同文本上签字或者盖章生效。

劳动合同文本由用人单位和劳动者各执一份。

● *相关案例索引*

陈某某与某投资公司追索劳动报酬及经济补偿纠纷案［广东省深圳市中级人民法院（2010）深中法民六终字第4201号］

劳动合同有劳动者的签名和公司的盖章，从形式上已经具备劳动合同成立、生效的要件，至于法定代表人是否有签名和在合同文本上用人单位法定代表人（主要负责人）一栏写的是谁的名字并不影响合同的效力，在公司没有其他证据证明该合同有违背公司真实意思表示的情况下，应当认定该劳动合同是双方当事人的真实意思表示。

● *相关规定*

《劳动合同法》第26条；《劳动法》第64条

第十七条　劳动合同的内容

劳动合同应当具备以下条款：

（一）用人单位的名称、住所和法定代表人或者主要负责人；

（二）劳动者的姓名、住址和居民身份证或者其他有效身份证件号码；

（三）劳动合同期限；

（四）工作内容和工作地点；

（五）工作时间和休息休假；

（六）劳动报酬；

（七）社会保险；

（八）劳动保护、劳动条件和职业危害防护；

（九）法律、法规规定应当纳入劳动合同的其他事项。

劳动合同除前款规定的必备条款外，用人单位与劳动者可以约定试用期、培训、保守秘密、补充保险和福利待遇等其他事项。

● **典型案例**

1. 入职登记原则上不能免除签订书面合同义务 ［重庆市第一中级人民法院（2015）渝一中法民终字第03762号］

2012年10月15日，原告王某入职被告某公司，填写了员工入职登记表。2013年12月18日，王某因自身原因向某公司提出辞职。2014年1月25日，某公司同意王某离职。同日，双方签订离职协议。2014年10月14日，王某就劳动报酬、未签劳动合同的二倍工资差额向仲裁委申请仲裁。仲裁委受理后逾期未作出裁决，王某于同年12月30日诉至法院。被告某公司辩称：王某入职时填写了员工入职登记表。该表中约定了原告的职务、工资标准、五险、竞业禁止等权利义务，已具备了劳动合同应当具备的条款，应当认定双方签订了劳动合同，故不应支付未签订劳动合同的二倍工资差额。

法院认为，劳动合同与入职登记表在性质和功能上不同。劳动合同是劳动者和用人单位为确立劳动关系，约定双方权利义务所签订的协议，对双方具有约束力。一方面，它具有诺成性、双务性、有偿性等一般合同性质。另一方面，它又不同于一般的合同，具有主体特定性、人身从属性等特殊属性。而入职登记表是用人单位内部用于规范人力资源管理，由新入职员工填写的文件资料，目的在于了解员工的基本情况，通常情况下不具有合同性质。《劳动合同法》规定了劳动合同应当具备的条款，本案中，员工入职登记表虽然载明有王某的基本身份信息、工作简历、入职部门、职位、试用期、工资待遇等内容，但缺少劳动合同期限、工作地点、工作时间和休息休假等必备条款。且即便该表中部分内容具有合同性质，由于王某并不持有该登记表，一旦双方对其中内容产生争议，王某不能提供相关依据，其权益得不到保障，这也与规范用工、保护劳动者合法权益的立法本意相违背。

综上所述，用人单位单方制作的入职登记表，主要功能在于规范内部人员管理，其是否属于书面劳动合同，需综合考虑形式与实质要件。若形式上缺乏劳动合同必备条款，内容上不能反映双方签订劳动合同的合意，应认定为不具备劳动合同性质，用人单位应支付未签订劳动合同工作期间的二倍工资。

2. 聂美兰诉林氏兄弟公司确认劳动关系案（最高人民法院指导案例179号）

2016年4月8日，聂美兰与林氏兄弟公司签订了《合作设立茶叶经营项目的协议》，内容为："第一条：双方约定，甲方出资进行茶叶项目投资，聘任乙方为茶叶经营项目经理，乙方负责公司的管理与经营。第二条：待项目启动后，双方相机共同设立公司，乙方可享有管理股份。第三条：利益分配：在公司设立之前，乙方按基本工资加业绩方式取酬。公司设立之后，按双方的持股比例进行分配。乙方负责管理和经营，取酬方式：基本工资+业绩、奖励+股份分红。"协议签订后，聂美兰到该项目上工作。林氏兄弟公司的法定代表人林德汤按照每月基本工资10000元的标准，每月15日通过银行转账向聂美兰发放上一自然月工资。聂美兰请假需经林德汤批准，且实际出勤天数影响工资的实发数额。2017年5月6日林氏兄弟公司通知聂美兰终止合作协议。聂美兰实际工作至2017年5月8日。聂美兰申请劳动仲裁。聂美兰不服仲裁裁决，向法院提起诉讼。

法院认为，对于合同性质的认定，应当根据合同内容所涉及的法律关系，即合同双方所设立的权利义务来进行认定。双方签订的协议第一条明确约定聘任聂美兰为茶叶经营项目经理，"聘任"一词一般表明当事人有雇佣劳动者为其提供劳动之意；协议第三条约定了聂美兰的取酬方式，无论在双方设定的目标公司成立之前还是之后，聂美兰均可获得"基本工资""业绩"等报酬，与合作经营中的收益分配明显不符。合作经营合同的典型特征是共同出资，共担风险，本案合同中既未约定聂美兰出资比例，也未约定共担风险，与合作经营合同不符。从本案相关证据上看，聂美兰接受林氏兄弟公司的管理，按月汇报员工的考勤、款项分配、开支、销售、工作计划、备用金的申请等情况，且所发工资与出勤天数密切相关。双方在履行合同过程中形成的关系，符合劳动合同中人格从属性和经济从属性的双重特征。故原判认定申请人与被申请人之间存在劳动关系并无不当。双方签订的合作协议还可视为书面劳动合同，虽缺少一些必备条款，但并不影响已约定的条款及效力，仍可起到固定双方劳动关系、权利义务的作用。林氏兄弟公司于2017年5月6日向聂美兰出具了《终止合作协议通知》，告知聂美兰终止双方的合作，具有解除双方之间劳动关系的意思表示，根据《最高人民法院关于民事诉讼证据的若干规定》第六条，在劳动争议纠纷案件中，因用人单位作出的开除、除名、辞退、解除劳动合同等决定而发生的劳动争议，由用人单位负举证责任，林氏兄弟公司未能提供解除劳动关系原因的相关证据，应当承担不利后果。

综上所述，劳动关系适格主体以"合作经营"等为名订立协议，但协议约定的双方权利义务内容、实际履行情况等符合劳动关系认定标准，劳动者主张与用人单位存在劳动关系的，人民法院应予支持。用人单位与劳动者签订的书面协议中包含工作内容、劳动报酬、劳动合同期限等符合《劳动合同法》第17条规定的劳动合同条款，劳动者以用人单位未订立书面劳动合同为由要求支付第二倍工资的，人民法院不予支持。

● **相关案例索引**

1. **袁某与某法律顾问事务所劳动争议纠纷案**〔重庆市第五中级人民法院（2015）渝五中法民终字第02447号〕

用人单位可依据合同的约定单方调整劳动者的工作岗位，劳动者不同意调岗的，用人单位依据规章制度解除劳动合同当属合法。在没有合同约定的情形下，用人单位行使调岗权应当综合考虑劳动者的意愿、是否适应工作岗位、劳动条件、劳动报酬以及替代性措施等因素。

2. **用人单位以签订其他协议方式掩盖劳动关系，仍需支付未签订劳动合同二倍工资**（北京市高级人民法院劳动关系诚信建设十大典型案例之一）①

《劳动合同法》规定建立劳动关系，应当订立书面劳动合同，并遵循合法公平、平等自愿、协商一致、诚实信用的原则，这是企业管理者和劳动者都应当遵守的基本行为规范。之所以要求用人单位与劳动者签订书面劳动合同，并且详细规定了劳动合同的必备条款，旨在通过书面劳动合同，明确劳动者与用人单位之间的权利义务关系。用

---

① 载北京法院网，https://bjgy.bjcourt.gov.cn/article/detail/2018/12/id/3594947.shtml，2023年11月24日访问，以下不再标注。

人单位作为劳动关系中相对强势的一方，应依法用工、诚实守信，尊重并维护劳动者的合法权益。

● **相关规定**

《劳动法》第 19 条；《职业病防治法》第 33 条

第十八条　劳动合同对劳动报酬和劳动条件约定不明确的解决

> 劳动合同对劳动报酬和劳动条件等标准约定不明确，引发争议的，用人单位与劳动者可以重新协商；协商不成的，适用集体合同规定；没有集体合同或者集体合同未规定劳动报酬的，实行同工同酬；没有集体合同或者集体合同未规定劳动条件等标准的，适用国家有关规定。

● **条文注释**

本法规定了因劳动合同对劳动报酬和劳动条件等标准约定不明确而引发争议的四种处理方法。

（1）重新协商。重新协商是指当事人对劳动报酬和劳动条件等标准约定不明确的劳动合同通过再次协商的办法重新达成协议。经过重新协商而达成的协议实际上是对原劳动合同的补充，因而是原劳动合同的组成部分，与原劳动合同一样具有法律效力。

（2）适用集体合同规定。如果用人单位与劳动者不能就劳动报酬和劳动条件等标准进行协商或者协商不成的，集体合同就成为劳动合同内容的补充，具有替代劳动合同的效力，这样就能够为劳动者提供基本的保护，可以防止用人单位利用合同约定不明而规避本来应该承担的义务。

（3）劳动报酬实行同工同酬。同工同酬，是指用人单位对所有劳动者同等价值的劳动应该付给相同的报酬。根据同工同酬的原则，因劳动合同对劳动报酬标准约定不明确，引发争议的，在协商不成而又没有集体合同规定作依据的时候，用人单位应当对劳动者实行同工同酬，即在工资支付中对从事相同工作、提供同等价值的劳动者应该给付相同的报酬，不得因其性别、民族、年龄等方面的不同而实行不合理的差别待遇。

（4）劳动条件适用国家的有关规定。根据劳动基准法具有替补性的原理，劳动合同和集体合同如果对劳动条件等标准没有约定或者约定的不明确，劳动者的劳动条件等标准自动适用于劳动基准法，即国家立法关于劳动条件的有关规定以能够给劳动者提供最基本的保护。

● *相关案例索引*

毛某某与某公司劳动合同纠纷案 ［浙江省舟山市中级人民法院（2011）浙舟民终字第47号］

确定劳动者劳动报酬，应考虑劳动合同中是否有约定。用人单位与劳动者在协商劳动报酬时，应考虑是否已有集体劳动合同，因该合同对用人单位全体职工具有约束力（《劳动法》第35条），如没有集体劳动合同，用人单位可以根据劳动者的综合素质、劳动岗位、技能、工作量、工作质量、单位经济效益以及不违反最低工资标准的规定等来确定与不同劳动者的不同工资标准，在双方对劳动工资协商一致的情况下，该约定对用人单位和劳动者均有约束力。

● *相关规定*

《劳动法》第46条；《职业病防治法》第33条、第34条、第39条；《劳动合同法实施条例》第11条

第十九条　试用期

劳动合同期限三个月以上不满一年的，试用期不得超过一个月；劳动合同期限一年以上不满三年的，试用期不得超过二个月；三年以上固定期限和无固定期限的劳动合同，试用期不得超过六个月。

同一用人单位与同一劳动者只能约定一次试用期。

以完成一定工作任务为期限的劳动合同或者劳动合同期限不满三个月的，不得约定试用期。

试用期包含在劳动合同期限内。劳动合同仅约定试用期的，试用期不成立，该期限为劳动合同期限。

● **条文注释**

劳动者在试用期间应当享有全部的劳动权利。这些权利包括取得劳动报酬的权利、休息休假的权利、获得劳动安全卫生保护的权利、接受职业技能培训的权利、享受社会保险和福利的权利、提请劳动争议处理的权利以及法律规定的其他劳动权利，还包括依照法律规定，通过职工大会、职工代表大会或者其他形式，参与民主管理或者就保护劳动者合法权益与用人单位进行平等协商的权利。

试用期包括在整个劳动合同期限里，不管试用期之后自然订立劳动合同还是不订立劳动合同，都不允许单独约定试用期。

● **相关规定**

《劳动法》第 21 条；《劳动合同法》第 83 条

第二十条　试用期工资

劳动者在试用期的工资不得低于本单位相同岗位最低档工资或者劳动合同约定工资的百分之八十，并不得低于用人单位所在地的最低工资标准。

● 条文注释

对本条的理解，应当把握以下几点：

（1）劳动者和用人单位在劳动合同里约定了试用期工资，而约定的试用期工资又高于本条规定的标准的，按约定执行。

（2）约定试用期工资应当体现同工同酬的原则。试用期期间劳动者提供的价值不意味着一定小于正式工，有的甚至比正式工提供的价值还要多，所以不能当然地认为试用期期间劳动者的工资就是最低标准，就要比正式工低，这不符合同工同酬的原则。同工同酬原则还体现在用人单位必须为试用期期间劳动者缴纳社会保险，这也是用人单位的法定义务，不能为了降低企业成本而逃避。

（3）关于劳动者在试用期的工资，本条实际上规定了两个最低标准：第一，不得低于本单位相同岗位最低档工资；第二，不得低于劳动合同约定工资的百分之八十。

（4）劳动者在试用期的工资不得低于用人单位所在地的最低工资标准。不得低于最低工资标准支付劳动者工资是《劳动法》确立的原则，试用期的劳动者也不例外。《劳动法》第48条规定，国家实行最低工资保障制度。用人单位支付劳动者的工资不得低于当地最低工资标准。

● 相关规定

《劳动法》第48条、第49条、第91条；《劳动合同法》第85条

第二十一条　试用期内解除劳动合同

在试用期中，除劳动者有本法第三十九条和第四十条第一项、第二项规定的情形外，用人单位不得解除劳动合同。用人单位在试用期解除劳动合同的，应当向劳动者说明理由。

● *典型案例*

1. 郑某与某开发公司劳动争议案（重庆市高级人民法院发布第六批劳动争议十大典型案例之八）

2018年4月10日，某开发公司与郑某签订《劳动合同书》，合同期限自2018年4月10日起至2023年4月9日止，其中试用期为6个月，自2018年4月10日起至2018年10月9日止。郑某前期担任某开发公司副总。2018年8月16日，某开发公司向郑某出具《解除劳动合同通知书》，载明因郑某在试用期间被证明不符合录用条件，决定从2018年8月17日终止、解除双方签订的劳动合同。郑某于当日收到该通知书，并在某开发公司出具的通知书留存件上写明："已收到，请列举不符合具体哪条录用条件。"2018年8月17日，郑某在办理离职交接手续后，离开某开发公司。后郑某提起仲裁，后又提起诉讼，请求某开发公司支付赔偿金等。

法院认为，用人单位以劳动者"在试用期被证明不符合录用条件"为由解除劳动合同的，应当由用人单位对其具体的录用条件和劳动者不符合录用条件的事实承担举证责任。在本案中，某开发公司在郑某试用期间，以郑某"在试用期被证明不符合录用条件"为由解除与郑某的劳动合同，某开发公司应当举示充分证据证明其具体录用条件、郑某不符合录用条件的事实。对于员工的录用条件，法律并没有作出明确规定，应当由用人单位结合企业自身经营管理情况确定，某

49

开发公司在本案中并未举示郑某所在岗位所需录用条件的证据。对于郑某不符合录用条件的事实，某开发公司举示的证据系对郑某在试用期所进行的整体性评价，该证据在时间上不具有连续性，在内容上存在瑕疵，部分评估表无时间记载，无法确定相应评估人员评估结论的形成时间，不足以证明郑某不符合录用条件。此外，某开发公司举示的证据亦不足以证明其在解除合同前，依法履行了通知工会的义务。人民法院遂认定某开发公司解除劳动合同违法，并判决某开发公司承担相应的法律责任。

综上所述，用人单位以劳动者"在试用期被证明不符合录用条件"为由解除劳动合同的，应当由用人单位对其具体的录用条件和劳动者不符合录用条件的事实承担举证责任。

2. 廖某与某文化传媒公司劳动争议纠纷案（重庆市高级人民法院发布第七批劳动争议十大典型案例之七）①

2020年4月28日，廖某进入某文化传媒公司担任市场总监，双方签订《员工劳动合同》，约定合同期限3年，如廖某违反劳动纪律和规章制度，某文化传媒公司有权要求廖某赔偿经济损失等内容。同日，廖某签署《员工手册》，约定迟到或早退30分钟以内者，总监每次罚款现金1000元；工作未完成或未按标准完成者，总监每次罚款现金1000元等内容。2020年5月4日，某文化传媒公司制定《市场部门管理制度》，载明当周工作计划未完成者，总监罚款1000元，每次倍增；迟到30分钟以内的，总监罚款现金1000元，每次倍增等内容。廖某在该制度上签字并捺印。依据上述《市场部门管理制度》，2020年5月，某文化传媒公司以廖某开会迟到、工作任务未完成为由

---

① 载重庆市人力资源和社会保障局网站，https: //rlsbj.cq.gov.cn/zwxx_182/tzgg/202105/t20210506_9245905.html，2023年11月24日访问，以下不再标注。

多次对廖某进行罚款。6月6日,廖某因个人原因自愿申请离职,某文化传媒公司出具《终止(解除)劳动合同决定书》,双方劳动关系解除。廖某经仲裁后提起诉讼,要求某文化传媒公司返还罚款。

法院认为,《劳动合同法》第20条规定:"劳动者在试用期的工资不得低于本单位相同岗位最低档工资或者劳动合同约定工资的百分之八十,并不得低于用人单位所在地的最低工资标准。"《劳动法》第50条规定:"工资应当以货币形式按月支付给劳动者本人,不得克扣或者无故拖欠劳动者的工资。"本案中,某文化传媒公司依据公司规章制度对廖某处以罚款的数额高于廖某在试用期工作期间所获得的劳动报酬,明显违反了上述法律的规定;廖某虽未完成工作计划,但某文化传媒公司在取消其绩效工资基础上,还按照《市场部门管理制度》进行罚款和倍增罚款,实行双重处罚,明显有违公平原则,不具有合理性。尽管用人单位享有通过制定规章制度规范企业管理和员工行为的自主管理权,但其权利不得滥用,某文化传媒公司的倍增罚款制度,既不合法也不合理,不能作为对廖某进行处罚的依据。

综上所述,劳动规章制度是用人单位的内部治理规范,用人单位依据经法定程序制定的规章制度对员工进行处罚,系用人单位行使自主管理权的行为,但人民法院仍应对规章制度内容的合法性、合理性进行审查。

● **相关规定**

《劳动法》第32条、第25条;《劳动合同法》第37条、第39条

第二十二条 服务期

用人单位为劳动者提供专项培训费用,对其进行专业技术培训的,可以与该劳动者订立协议,约定服务期。

劳动者违反服务期约定的，应当按照约定向用人单位支付违约金。违约金的数额不得超过用人单位提供的培训费用。用人单位要求劳动者支付的违约金不得超过服务期尚未履行部分所应分摊的培训费用。

用人单位与劳动者约定服务期的，不影响按照正常的工资调整机制提高劳动者在服务期期间的劳动报酬。

● **条文注释**

设定服务期所依据的前提条件即用人单位给予劳动者的特殊待遇不同，我国实践中的服务期，可分为与出资培训对应的服务期（简称出资培训服务期）和与特殊物质待遇对应的服务期（简称特殊物质待遇服务期）。本法只规定出资培训服务期，而未规定特殊物质待遇服务期。

用人单位与劳动者订立协议，约定服务期的培训是有严格条件的：（1）这笔专项培训费用的数额应当是比较大的，这个数额到底多高，《劳动合同法》没有规定一个具体的数额，主要是考虑各地区、各企业之间情况不一样，很难划出一个统一的尺度。由各地方自行细化本地区的具体数额比较好操作；（2）对劳动者进行的是专业技术培训，包括专业知识和职业技能培训；（3）至于培训的形式，可以是脱产的，半脱产的，也可以是不脱产的。

● **典型案例**

劳动者未满服务期辞职无需退还培训期间工资（广东高院发布劳动争议十大典型案例之六）

陈某于2014年入职某医院。2016年3月，双方签订《进修合同》约定派陈某进修3个月，费用由医院承担，期满后陈某必须服务满五年，否则要退回进修期间的工资、补助、进修费等一切费用，同时每少服务一年应赔偿违约金1万元及其他损失。该次进修共花费8560元，医院按相关规定向陈某发放了进修期间的工资。陈某进修结束后回到某医院工作，于2021年5月提出辞职。医院遂申请劳动仲裁要求陈某退回进修期间一切费用并支付违约金。

法院认为，《进修合同》中关于服务期未满须退回进修期间一切费用的约定违反了《劳动合同法》的相关规定，故医院要求陈某退还进修期间的一切费用，依据不足。陈某提出离职时离服务期满还差48天，故应向医院支付该48天对应的培训费用作为违约金。

综上所述，获取劳动报酬是劳动者的一项重要权利。用人单位不得违法与劳动者作出未满服务期须退回进修期间工资待遇的约定，变相要求劳动者支付违约金。本案对推动用人单位依法保障劳动者获取劳动报酬具有积极意义。

● **相关案例索引**

黄某诉某公司劳动争议纠纷案（江西省高级人民法院与江西省人力资源社会保障厅联合发布劳动人事争议十起典型案例之八）[①]

用人单位不得以担保的形式收取劳动者任何财物，用人单位在签订劳动合同后收取劳动者的培训费，违反了《劳动法》的相关规定，应当予以退回。

● **相关规定**

《劳动合同法实施条例》第16条

[①] 载微信公众号"江西人社"，https://mp.weixin.qq.com/s/9bN7Pl6ye60DXkAGDPmJ6w，2023年11月24日访问。

第二十三条　保密义务和竞业限制

用人单位与劳动者可以在劳动合同中约定保守用人单位的商业秘密和与知识产权相关的保密事项。

对负有保密义务的劳动者，用人单位可以在劳动合同或者保密协议中与劳动者约定竞业限制条款，并约定在解除或者终止劳动合同后，在竞业限制期限内按月给予劳动者经济补偿。劳动者违反竞业限制约定的，应当按照约定向用人单位支付违约金。

● **条文注释**

商业秘密包括两部分：非专利技术和经营信息。例如，管理方法，产销策略，客户名称、货源情报等经营信息；生产配方、工艺流程、技术诀窍、设计图纸等技术信息。商业秘密的前提是不为公众所知悉，能使经营者获得利益，获得竞争优势，或具有潜在的商业利益。而且商业秘密的保护期不是法定的，在劳动者离职后仍然具有侵犯原用人单位商业秘密的可能。

而劳动合同到期后的竞业禁止，由用人单位和劳动者双方约定。其中最重要的内容是经济补偿，竞业限制经济补偿金不能包含在工资中，只能在劳动关系结束后，在竞业限制期限内按月给予劳动者经济补偿。补偿金的数额由双方约定。用人单位未按照约定在劳动合同终止或者解除时向劳动者支付竞业限制经济补偿的，竞业限制条款失效。这是竞业限制条款生效的条件和劳动者遵守竞业限制义务的前提。

典型案例

1. 劳动者违反竞业限制不以泄露商业秘密为条件 ［浙江省杭州市中级人民法院（2014）浙杭民终字第62号］

原告甲公司与被告王某签订《保密及竞业限制协议》，并约定了相应的违约责任。王某离职后甲公司依约向其发放补偿金。自2012年1月开始，甲公司停止向王某发放竞业限制补偿金。2011年6月16日，天津市工商行政管理局核准成立乙公司，王某为占比10%的投资人，并被聘用为该公司经理。该公司与甲公司存在竞争关系。甲公司曾以王某、乙公司等为被告，向法院提起侵害商业秘密纠纷诉讼，要求王某、乙公司等立即停止侵犯商业秘密的行为并赔偿经济损失。法院支持了甲公司的诉讼请求。后双方发生争议，甲公司先提起仲裁，后提起诉讼，请求判令王某支付违约金并立即停止违反竞业限制的行为。

法院认为，竞业限制约定是指负有保密义务的劳动者在劳动关系结束后一定期限内不得存在与原用人单位有竞争关系的其他单位任职，或者自己开业生产或者经营同类产品、从事同类业务的行为，限制的是负有保密义务的劳动者在离职后的工作领域范围。认定劳动者是否违反竞业限制约定，仅需考察该劳动者离职后的工作单位以及工作性质与原用人单位的生产经营是否存在竞争关系，不以该劳动者是否侵害原用人单位的商业秘密为条件。根据王某与甲公司签订的劳动合同、保密协议以及离职承诺书，可以认定王某从事的是研发工作，系直接接触公司商业秘密的人员。因此，应当认定王某系属于劳动合同法规定的负有保密义务的人员。王某与甲公司签订的竞业限制条款，系双方自愿协商约定，符合法律规定。另案中，甲公司的诉讼请求所针对的是王某以不正当手段获取甲公司的商业秘密并提供给乙公司使用的侵权行为。两案的诉讼请求所依据的法律事实并不相同，不存在请求权竞合的问题。王某违反竞业限制的约定，即应承担违约责任。这与其是否另行存在侵害某电子公司及甲公司的商业秘密的侵权行为无关。

综上所述，劳动者与用人单位签订竞业限制约定，后劳动者违反约定进入具有竞争关系的单位就职且将原单位的商业秘密泄露给现单位使用的，其行为并不符合请求权竞合关于行为人的行为须同时符合两种或者两种以上的民事责任的构成要件且给付内容相同的要求，劳动者违反竞业限制并不以泄露商业秘密为条件，因此原用人单位可以基于不同的法律事实起诉劳动者。

2. 劳动者应按约履行在职期间竞业限制义务（江苏省高级人民法院发布 2016~2018 年度劳动争议十大典型案例之五）

陶某从 2002 年起到某科技公司工作，2010 年 8 月 1 日双方签订了聘用协议。协议约定：合同期限为五年，陶某从事技术管理工作，职务为电器自控组组长；陶某工资报酬由基本工资和竞业补偿及组长技术补贴构成，工资按月全额支付，竞业补偿 1 万元并每年增加 1000 元，组长技术补贴 1.2 万元，在每年年底一次性发放；陶某从事的是涉及某科技公司技术秘密和商业秘密的工作，应严格保守技术和商业秘密，陶某承诺在合同期间以及解除或终止合同后的五年内不得以任何方式泄露、散布、使用、转让，不得自营或者为他人经营与某科技公司有直接竞争的业务，不得到与某科技公司有同类业务竞争关系的单位供职，不得将某科技公司的客户及业务用于自营或转他人经营；陶某如违反保密义务或竞业限制，应支付某科技公司违约金 20 万元整。后陶某共计收取某科技公司以竞业补偿名义给付的 28000 元。2013 年 12 月 31 日，在派出所对陶某的询问笔录中，陶某陈述了自己组织人员生产与某科技公司的产品构成原理一样，产品形状相类似的包装机，并且对外销售包装机 4 台，传输机 2 台。2014 年 10 月 10 日，某科技公司申请劳动仲裁，要求陶某停止侵犯某科技公司商业秘密以及从事包装机生产销售等竞争性行为，并一次性支付违反保密及竞业限制规定的违约金 20 万元。仲裁委裁决陶某支付违约金 15 万元。陶某不服，诉至法院。

法院认为，双方所签聘用协议中关于在职期间的竞业限制约定真实、合法、有效，陶某的行为已违反双方协议中关于在职期间竞业限制以及保守技术秘密和商业秘密的约定，亦违背了其对公司的忠实义务，给公司造成较大经济损失，判决陶某向某科技公司支付违约金 15 万元。

综上所述，用人单位可以与负有保密义务的劳动者在劳动合同或保密协议中约定在职期间的竞业限制义务，劳动者违反竞业限制约定的，应承担相应的违约责任。

3. 劳动者支付违约金后仍须继续履行竞业限制协议（江苏省高级人民法院发布 2016~2018 年度劳动争议十大典型案例之六）

刘某于 2013 年 6 月至精蜡公司工作并担任研发中心主任，最后一期劳动合同至 2016 年 10 月 22 日止。双方签订《保守秘密和竞业限制协议》，协议约定乙方（刘某）应保守甲方（精蜡公司）的商业秘密，在合同期内和在解除或者终止劳动合同之日起两年内，须履行竞业限制义务，乙方违反本协议约定侵犯甲方商业秘密或违反竞业限制约定的，应当向甲方支付违约金 50 万元。甲方每月按照乙方离职前 12 个月的平均工资的三分之一向乙方支付经济补偿。2016 年 7 月，市场监督管理所以刘某涉嫌无照从事蜡制品的制造和加工，查封了相关场所并扣押了相关物品。刘某在调查笔录中陈述，其从 2013 年 11 月底开始无照经营蜡制品，其掌握该精蜡公司所有技术、工艺、配方和部分客户的名称，应当负有保密义务；客户中有三家曾是该精蜡公司的客户。之后，刘某向该精蜡公司提出辞职，双方确认劳动合同自2016年9月23日解除。解除后，该精蜡公司按约向刘某支付竞业限制补偿金。2016年10月，该精蜡公司申请仲裁，请求裁令刘某支付违反竞业限制违约金50万元，并继续履行竞业限制协议。仲裁委逾期未作出裁决结果，精蜡公司遂诉至法院。

法院认为，刘某在精蜡公司工作期间存在侵犯该精蜡公司商业秘密的行为，结合刘某的工作职责、侵权的持续时间、刘某主观过错程度等因素，对双方约定的违约金50万元不再予以调整，因《保守秘密和竞业限制协议》约定的竞业期尚未到期，刘某应继续按约履行。

综上所述，劳动者违反竞业限制约定的，应当按约向用人单位支付违约金，支付违约金后，其剩余期限内的竞业限制义务并不因此而免除，用人单位要求劳动者继续履行竞业限制约定的，应予支持。

4. 劳动者违反竞业限制协议，应当承担违约责任（北京市高级人民法院劳动关系诚信建设十大典型案例之十）

2012年3月，闫某与某科技公司签订劳动合同，约定闫某从事开发工作，在双方解除或终止合同一年内，闫某不能以任何方式向有竞争关系的组织或者公司提供服务。双方签署《保密协议》，约定了竞业限制业务范围及情形，某科技公司在竞业限制期内支付竞业限制经济补偿，如果闫某违反约定，须向某科技公司支付违约金20万元，该违约金不足以弥补某公司损失的，不足部分仍应赔偿。2013年5月，闫某离职，某科技公司发出《关于要求履行竞业限制以及严格遵守保密义务的通知》，通知闫某自劳动关系解除之日起一年内，不得进入与某科技公司从事任何同类业务的公司，同时对限制的工作内容进行了进一步明确，并告知构成竞争关系的公司包括A及其下属公司；B及其下属公司；C及其下属公司。闫某在该通知上签字，表示收到通知并阅读知晓上述内容。同月，闫某入职C集团的某下属公司。2013年12月，某科技公司以闫某入职C集团的某下属公司，违反双方的竞业限制协议为由，提出劳动仲裁申请，仲裁委员会裁决闫某继续履行与某科技公司约定的竞业限制义务，返还某科技公司竞业限制经济补偿金12万余元，支付违约金20万元。闫某不服仲裁结果，向法院提起诉讼。

法院认为，针对闫某是否违反竞业限制义务，从C集团的某下属公司股东和股权质押等情况来看，闫某和C集团存在实质关联关系；从某科技公司和C集团及其下属公司之间的业务范围来看，二者属于竞争关系。因此，闫某违反了竞业限制义务。最终，法院驳回了闫某的诉讼请求。

综上所述，诚实信用原则作为维系劳动关系的基石，不仅体现在劳动合同的存续期间，在特定情况下还会延伸到劳动合同解除或终止之后，典型的表现形式就是竞业限制义务。劳动者在享受劳动权益的同时，应当基于诚信原则履行劳动合同义务，如果与用人单位约定了竞业限制，在用人单位按期支付竞业限制补偿时，应当遵守相关约定，在入职其他用人单位时，及时向原用人单位反映就业情况，避免不必要的纠纷。

5. 竞业限制期限内入职存在竞争关系的其他单位需承担违约责任(广东省高级人民法院发布9个劳动争议典型案例之二)[①]

甘某原在某电子公司担任技术部门管理岗，双方签订了竞业限制协议书。甘某离职后，该电子公司一直按约定向甘某支付竞业限制补

[①] 载广东法院网，https://www.gdcourts.gov.cn/gsxx/quanweifabu/anlihuicui/content/post_1151344.html，2023年11月24日访问，以下不再标注。

偿金。后电子公司调查发现，甘某在竞业限制期间入职存在竞争关系的某科技公司，认为甘某违反了竞业限制约定，请求甘某归还已经支付的竞业限制补偿金201501.93元并支付违约金346485.72元。

法院认为，甘某和电子公司签订的竞业限制协议书中对竞业限制义务、竞业限制补偿金以及违约金进行了约定，是双方的真实意思表示。甘某从该电子公司离职后，在竞业限制期限内到存在竞争关系的科技公司工作，违反了竞业限制义务，需向电子公司归还已经支付的补偿金201501.93元。结合甘某离职前的工作岗位、工资水平及该电子公司每月支付的竞业限制补偿金的标准，甘某应向电子公司支付违约金346485.72元。

综上所述，负有竞业限制义务的劳动者在竞业限制期限内入职存在竞争关系的其他用人单位，属于违反竞业限制义务的行为，应承担相应的违约责任。本案对违反竞业限制义务的行为提出警示，有利于营造尊重知识产权、保护商业秘密的法治营商环境。

6. 入职竞争企业窃取商业秘密属违约行为应承担赔偿责任（广东省高级人民法院发布9个劳动争议典型案例之五）

黄某某为中山一厨卫公司的股东、法定代表人，2021年10月21日，黄某某与某卫浴公司签订劳动合同，合同有保守公司商业秘密的约定。上班第一天，黄某某就将公司电脑中1000多份文件上传至其个人百度网盘，包括产品高清图、报关单、对外贸易经营者备案登记表等。10月23日，黄某某从该卫浴公司离职。

法院认为，黄某某身为与该卫浴公司经营业务有竞争关系的其他公司股东、法定代表人，隐瞒身份入职，将包含卫浴公司商业秘密的内部资料上传至其个人百度网盘，违反双方有关保密义务的约定，应当承担违约责任。综合双方约定和黄某某的行为情节，判令黄某某向该卫浴公司赔偿 50000 元。

综上所述，用人单位和劳动者可以在劳动合同中约定保密条款，劳动者对在工作中获知的商业秘密有保密义务，若公开、披露、使用或允许他人使用用人单位商业秘密的，应承担相应的民事责任。本案的处理对违反职业道德和劳动纪律的劳动者具有惩戒示范作用，倡导企业通过公平正当手段进行市场竞争。

7. 王山诉万得公司竞业限制纠纷案（最高人民法院指导案例 190 号)

王山于 2018 年 7 月 2 日进入万得公司工作，双方签订劳动合同。2019 年 7 月 23 日，王山、万得公司又签订《竞业限制协议》，对竞业行为、竞业限制期限、竞业限制补偿金等内容进行了约定。2020 年 7 月 27 日，王山填写《辞职申请表》，以个人原因为由解除与万得公司的劳动合同。2020 年 8 月 5 日，万得公司向王山发出《关于竞业限制的提醒函》。2020 年 10 月 12 日，万得公司向王山发出《法务函》，再次要求王山履行竞业限制义务。万得公司向劳动人事争议仲裁委员会申请仲裁。王山不服仲裁裁决，诉至法院。

法院认为，万得公司的经营范围为计算机软硬件的开发、销售、计算机专业技术领域及产品的技术开发、技术转让、技术咨询、技术服务。而哔哩哔哩公司的经营范围包括从事信息科技、计算机软硬件、网络科技领域内的技术开发、技术转让、技术咨询、技术服务等。对比两家公司的经营范围，确实存在一定的重合。但互联网企业在注册登记时，经营范围往往都包含了软硬件开发、技术咨询、技术转让、技术服务。若仅以此为据，显然会对互联网就业人员尤其是软件工程师再就业造成极大障碍，对社会人力资源造成极大的浪费，也有悖于竞业限制制度的立法本意。故在判断是否构成竞争关系时，还应当结合公司实际经营内容及受众等因素加以综合评判。万得公司目前的经营模式主要是提供金融信息服务，其主要的受众为相关的金融机构或者金融学术研究机构。而反观哔哩哔哩公司，众所周知，其主营业务是文化社区和视频平台，即提供网络空间供用户上传视频、进行交流。其受众更广，尤其年轻人对其青睐有加。两者对比，不论是经营模式、对应市场还是受众，都存在显著差别。即使普通百姓，也能轻易判断两者之差异。虽然哔哩哔哩公司还涉猎游戏、音乐、影视等领域，但尚无证据显示其与万得公司经营的金融信息服务存在重合之处。在此前提下，万得公司仅以双方所登记的经营范围存在重合即主张两家企业形成竞争关系，不足以完成其举证义务。且万得公司在竞业限制协议中所附录的重点限制企业均为金融信息行业，足以表明万得公司自己也认为其主要的竞争对手应为金融信息服务企业。王山无需向万得公司返还2020年7月28日至2020年9月27日竞业限制补偿金及支付违反竞业限制违约金。

综上所述，人民法院在审理竞业限制纠纷案件时，审查劳动者自营或者新入职单位与原用人单位是否形成竞争关系，不应仅从依法登记的经营范围是否重合进行认定，还应当结合实际经营内容、服务对象或者产品受众、对应市场等方面是否重合进行综合判断。劳动者提供证据证明自营或者新入职单位与原用人单位的实际经营内容、服务对象或者产品受众、对应市场等不相同，主张不存在竞争关系的，人民法院应予支持。

8. 刘某与甲公司劳动争议纠纷案［北京市第一中级人民法院(2016) 京01民终6979号］

刘某原为甲公司员工，在职期间担任销售经理。2013年9月1日，甲公司（甲方）与刘某（乙方）签署《保密协议书》，约定刘某离职后两年内的竞业限制义务。刘某在职期间从事销售工作，主要工作职责为承担具体地域、行业或产品类型的销售任务，积累客户资源和创造销售机会等。2015年8月12日，刘某自甲公司离职。2015年9月，刘某入职乙公司从事销售工作，两公司在业务、经营地域及面向的客户群体方面存在重合及竞争关系。后甲公司以要求刘某继续履行竞业限制义务、支付竞业限制违约金等为由提起仲裁申请，仲裁委审理后作出裁决：刘某继续履行《保密协议书》中的竞业限制协议内容；刘某支付甲公司竞业限制违约金151640元。刘某与甲公司均不服该裁决结果，提起诉讼。

法院认为，刘某在职期间与甲公司签订的《保密协议书》约定有竞业限制条款，该竞业限制约定有效且对双方具有约束力。甲公司业已举证证明：两公司存在竞争关系，刘某离职前任销售主管，刘某2015年8月离职后于2015年9月入职乙公司的行为违反双方竞业限制义务。故甲公司要求刘某继续履行《保密协议书》中约定的竞业限制义务并无不当。至于竞业限制违约金，因刘某存在违反竞业限制约定的行为，故甲公司要求刘某支付竞业限制违约金的请求并无不当。

综上所述，劳动争议纠纷案件中，如果劳动者提出竞业限制违约金过高并申请酌减，法院可以根据公平原则和诚实信用原则，综合考量当事人双方约定的竞业限制补偿金数额、劳动者离职时的工作岗位及收入水平、劳动者的过错程度、违约行为及其给用人单位造成的损失、是否在事实上限制或排除劳动者合同解除权等多方面因素，认定竞业限制违约金是否过高以及予以减少的幅度。

● *相关案例索引*

某公司与刘某劳动争议纠纷案［河南省焦作市中级人民法院(2015) 焦民劳终字第00324号］

当事人在劳动合同或者保密协议中约定了竞业限制，但未约定解除或者终止劳动合同后给予劳动者经济补偿的，不影响竞业限制条款的效力。

● *相关规定*

《劳动法》第22条、第102条;《最高人民法院关于审理劳动争议案件适用法律问题的解释（一）》第50条

第二十四条　竞业限制的范围和期限

竞业限制的人员限于用人单位的高级管理人员、高级技术人员和其他负有保密义务的人员。竞业限制的范围、地域、期限由用人单位与劳动者约定，竞业限制的约定不得违反法律、法规的规定。

在解除或者终止劳动合同后，前款规定的人员到与本单位生产或者经营同类产品、从事同类业务的有竞争关系的其他用人单位，或者自己开业生产或者经营同类产品、从事同类业务的竞业限制期限，不得超过二年。

● *典型案例*

劳动者变相为与原单位有竞争关系的单位提供服务，应认定为违反竞业限制义务（江苏省高级人民法院2019年度劳动争议十大典型案例之九）

2012年12月3日，刘某入职某化学公司从事工艺工程师工作。双方签订了竞业限制协议，约定竞业限制期限为离职后的12个月，该协议还约定："员工不得直接或间接（不管作为经营者、负责人、合伙人、代表人、代理人、员工、顾问、独立承包人或其他）拥有、经营、管理、参与、服务、受聘于或以其他方式加入竞争行业……""如员工违反本协议上述条款的竞业限制义务，但并未损害本协议项

下其他规定的话，员工应将竞业限制补偿金退还给某化学公司……"2017年8月11日，刘某辞职。同日，某化学公司要求刘某在2017年8月12日至2018年8月11日期间履行竞业限制协议，并按月支付竞业限制补偿金8405元/月。2017年8月至2018年7月，某化学公司共支付了刘某竞业限制补偿金100860元。2018年8月8日，某化学公司认为刘某在与公司有竞争关系的广东某公司从事相关工作，遂申请劳动仲裁，请求裁令刘某退还竞业限制补偿金100860元。刘某认可其于2017年12月4日起被深圳市某公司派往广东某公司从事质检工作。仲裁委裁决刘某退回竞业限制补偿金67240元。刘某不服，诉至法院。

法院认为，刘某于2017年12月4日起为某化学公司的竞争企业提供服务，违反了双方签订的竞业限制协议，应退还其违反竞业限制期间的补偿金67240元。

综上所述，虽然劳动者没有和与原用人单位有竞争关系的单位签订劳动合同，但是其提供了相关服务，也属于违反竞业限制义务的行为，应对原用人单位承担违约责任。

● **相关规定**

《劳动合同法》第90条；《公司法》第148条；《最高人民法院关于审理劳动争议案件适用法律问题的解释（一）》第37~40条

第二十五条　违约金

除本法第二十二条和第二十三条规定的情形外，用人单位不得与劳动者约定由劳动者承担违约金。

● **条文注释**

在劳动合同中，只允许就劳动者服务期事项和竞业限制事项约定违约金，除此之外，用人单位不得与劳动者约定由劳动者承担的违约金。劳动合同一般不得约定劳动者承担违约金的理由主要在于：（1）对违约金作出适当约定，应当以约定的当时对未来的违约行为可能造成的损失能够估计为前提。而实践中，在签订劳动合同的当时对未来劳动者违反劳动合同可能造成的损失难以作出全面和准确的预估。（2）由于用人单位与劳动者强弱不对等，在信息不充分的条件下，若允许约定劳动者的违约金数额，则对劳动者非常不利。（3）劳动者承担赔偿责任的能力极为有限，对其违约行为所造成的损失只宜适用合理赔偿原则，所以应当实行法定赔偿标准。（4）违约金具有担保的性质，而担保只能适用于财产关系，故而不宜适用于劳动关系中的人身关系内容。

● **实用问答**

问：根据劳动合同，劳动者需要承担违约金的情形有哪些？

答：（1）用人单位为劳动者提供了专项培训费用，对其进行了专业技术培训并约定了服务期限。如劳动者违反服务期约定，则需要承担一定比例的违约金，但不得超过培训费用。（2）对负有保密义务的劳动者，用人单位与其约定了竞业限制义务（最高不超过2年），并每月提供经济补偿，如劳动者违反该义务，则需要承担约定的违约金。

● **典型案例**

1. 张某某与某某汽车部件公司劳动合同纠纷案（重庆市高级人民法院公布劳动争议十大典型案例之四）[①]

2013年10月22日，张某某与某某汽车部件公司签订了《薪酬协

[①] 载中国法院网，https：//www.chinacourt.org/article/detail/2015/05/id/1635516.shtml，2023年11月24日访问，以下不再标注。

议》，约定：某某汽车部件公司聘用张某某担任设备管理员兼电工，为期3年……从协议生效之日起，任何一方中途违约，违约方应赔付对方违约金10万元。2013年11月10日，张某某与某某汽车部件公司签订了《劳动合同书》，约定：张某某在某某汽车部件公司从事设备管理工作，合同期限自2013年10月17日起至2016年10月16日止，执行不定时工作制度。作为该合同附件的《补充协议》约定：合同违约赔偿金为5000元。2014年4月18日，某某汽车部件公司以其不再需要设置设备管理员岗位为由，向张某某发出《终止（解除）劳动合同通知书》。此后，张某某遂提起仲裁、诉讼，请求某某汽车部件公司支付违约金。

法院认为，根据双方签订的《劳动合同书》，双方的劳动合同期限为2013年10月17日至2016年10月16日。2014年4月18日，某某汽车部件公司以其不再需要设置设备管理员岗位为由，向张某某发出《终止（解除）劳动合同通知书》，已构成违约。《劳动合同法》第25条规定，除本法第22条和第23条规定的情形外，用人单位不得与劳动者约定由劳动者承担违约金。本案中，某某汽车部件公司与张某某在《薪酬协议》中关于"任何一方违约，应当赔付对方违约金10万元"的约定不属于《劳动合同法》第22条和第23条规定的情形，故该约定对张某某无效，但对某某汽车部件公司仍具有约束力。后双方签订的《劳动合同书》中约定违约赔偿金为5000元，系双方对违约金进行了重新约定，应以双方最后的合意为准，故某某汽车部件公司应支付张某某违约金5000元。

综上所述，除《劳动合同法》第22条和第23条规定的情形外，用人单位与劳动者在劳动合同中约定违约金条款的，该违约金条款对劳动者不具有约束力，但该违约金条款对用人单位仍具有约束力，用人单位违约的,应当承担违约责任。

2. 华某与某消防设备公司竞业限制纠纷案(重庆市高级人民法院发布第五批劳动争议十大典型案例之九)

2017年8月20日,华某到某消防设备公司担任负责人,负责该公司客户资源的开拓和维护等。协议期限为3年。同日,双方签订《竞业限制协议》和《保密协议》,约定:未经某消防设备公司同意,在职期间不得自营或者为他人经营(包括投资于)同类的营业,不论因何种原因离职,离职后两年内不得到与某消防设备公司有竞争关系的单位就职。同时,还约定了华某违反上述约定的违约金。某消防设备公司按月向华某发放了竞业限制补偿金和保密津贴。2017年11月14日,华某成立个人独资企业"某消防安全技术服务中心",经营范围与某消防设备公司相同。

法院认为,竞业限制是指对特定的人从事竞争业务的限制,劳动合同法规定,用人单位可与知悉商业秘密的劳动者约定离职后两年内不得从事与本单位相竞争的业务,相应地,劳动者在职期间亦应受到竞业限制。本案中,华某与某消防设备公司签订《竞业限制协议》和《保密协议》,明确约定了华某在职期间不得自营或者为他人经营(包括投资于)同类的营业,否则应当承担相应的违约责任。但华某却自行设立了与某消防设备公司经营范围相同的个人独资企业,明确违反了《竞业限制协议》和《保密协议》的约定,华某应当向某消防设备公司支付违约金。

综上所述,竞业限制在于保护用人单位的商业秘密不受侵犯,用人单位可与知悉商业秘密的劳动者约定离职后两年内不得从事与本单位相竞争的业务,劳动者在职期间更不得违反竞业限制义务。劳动者在职期间与单位签订保密协议,领取相应补贴,若违反竞业限制义务则应承担违约责任。

3. 劳动合同约定违约金超出法律规定范围应认定无效（广东省高级人民法院发布九个劳动争议典型案例之三）

陈某于2019年入职某贸易公司担任客服。双方签订的劳动合同约定，劳动者不得用自己的手机、微信和QQ联系客户、添加客户，更不能把客户推给家人、朋友，一旦发现马上开除，如违反上述规定要赔偿公司20万元。现该贸易公司主张陈某私自添加客户微信，要求其赔偿违约金20万元。

法院认为，劳动合同上述违约条款超出法律规定可以约定违约金的范围，属无效约定，对该贸易公司的诉讼请求不予支持。

综上所述，在违反服务期约定和违反竞业限制约定两种情形下，劳动者须向用人单位支付违约金。用人单位不得利用其强势地位，以保护商业秘密为由，随意扩大劳动者承担违约责任的范围。本案的审理有利于引导用人单位依法确定双方的权利义务。

4. 岗前培训不同于专业技术培训，不得约定服务期和违约金（江苏省高级人民法院发布2021年度劳动人事争议十大典型案例之八）

2020年5月，邱某入职某传播公司。双方签订了《培训服务协议》，约定传播公司对邱某进行为期18天的职前培训，培训内容为公司背景介绍、业务简介、课程体系与品牌课程优势、销售技巧及电话销售技巧，同时约定培训结束后，履职未达到最低服务年限1.5年的，邱某应赔偿全部培训费用。该传播公司根据协议约定安排邱某参加了培训。2020年9月，邱某离职。该传播公司经仲裁后提起诉讼，要求邱某赔偿培训费。

法院认为，《培训服务协议》明确约定了涉案培训为职前培训，公司亦未提供证据证明该培训系专业技术培训，不符合《劳动合同法》规定的可以约定服务期和由劳动者承担违约金的情形。该传播公司将培训费成本转嫁给邱某,免除其自身法定责任,相关条款应为无效,故判决驳回该传播公司的诉讼请求。

综上所述,用人单位和劳动者可以就专业技术培训约定服务期和违约金,该专业技术培训不包括日常业务培训和岗前培训等一般的职业培训。用人单位以劳动者离职时未满服务期为由主张劳动者返还非专业技术培训费的,人民法院不予支持。

● *相关规定*

《劳动合同法实施条例》第26条

第二十六条　**劳动合同的无效**

下列劳动合同无效或者部分无效:

(一)以欺诈、胁迫的手段或者乘人之危,使对方在违背真实意思的情况下订立或者变更劳动合同的;

(二)用人单位免除自己的法定责任、排除劳动者权利的;

(三)违反法律、行政法规强制性规定的。

对劳动合同的无效或者部分无效有争议的,由劳动争议仲裁机构或者人民法院确认。

● *典型案例*

1. 劳动者伪造入职材料构成欺诈的,劳动合同无效 [浙江省温州市中级人民法院(2017)浙03民终3646号]

原告某公司公开对外招聘工作人员,其中机械工程师岗位要求为:本科及以上学历,机械类专业,有5年以上工作经验,熟悉机械制图各类常用软件及机械加工各工种的工艺要求,能编制各种加工工艺。被告曹某填写招聘登记表时写明最高学历为大专、所学专业为机械设计与制造、现职称为工程师，工作经验一栏写明 1986 年至 2012 年在某机械厂任工程师，2013 年至 2015 年在某某公司任工程师等，并上交某公司存档。2016 年 2 月 24 日，曹某到某公司工作，双方于 6 月 28 日签订《劳动合同书》，曹某从事工程师岗位工作。某公司于 2016 年 12 月 16 日向工会发出《解除劳动合同通知工会函》，工会于 12 月 19 日复函同意某公司解除与曹某的劳动合同。2017 年 1 月 18 日，曹某填写《员工离职工作交接表》。原告某公司认为被告提供的学历证书、职称证书均系伪造，且被告在招聘登记表中填写的相关工作经历为虚假，故于 2017 年 3 月 29 日向仲裁委申请确认双方签订的劳动合同无效，仲裁委逾期未受理，原告因而提起诉讼。

法院认为，某公司对特定岗位对外进行公开招聘中已经明确提出录用条件且录用条件不具有违法内容，曹某对工作经历、职业技能、所学专业、学历证书等信息未履行如实说明义务，足以影响某公司关于订立劳动合同的真实意思表示，已构成欺诈。曹某未如实履行说明义务构成欺诈，则其与某公司订立的劳动合同无效。

综上所述，劳动者未向用人单位如实说明自身情况，在应聘阶段故意隐瞒真实情况、编造虚假信息，实际上将不能胜任工作的风险转移给了用人单位。劳动者未履行如实说明义务构成欺诈的，劳动合同无效。

2. 杨某某与某矿业公司劳动保险纠纷案（重庆市高级人民法院发布第五批劳动争议十大典型案例之四）

2004 年 7 月，杨某某入职某矿业公司。2012 年 1 月以前某矿业公司一直未给杨某某办理养老保险。2012 年 1 月至 2014 年 12 月某矿业公司为杨某某办理了养老保险，缴纳了养老保险费。2016 年 10 月 3 日，某矿业公司出具《关于提供杨某某工资表的说明》，载明：根据杨某某的申请,某矿业公司同意向其提供2004年至2011年(每年提供一个月)共计8个月工资表,仅用于杨某某自愿补缴养老保险费并承担其费用。杨某某在该说明上签字表示同意。2016年10月14日,杨某某通过某矿业公司向社会保险机构补缴养老保险费67445.52元,其中,单位缴纳部分为59250元,个人缴纳部分为8195.52元。杨某某补缴养老保险费后,要求某矿业公司返还其垫付的养老保险费59250元。

法院认为,依据《社会保险法》第10条以及《劳动合同法》第26条的规定,依法为劳动者缴纳社会保险费是用人单位的法定义务,某矿业公司与杨某某约定社会保险费全部由个人承担,属于用人单位免除自己的法定责任、排除劳动者权利的情形,且该约定违反了法律的强制性规定,依法应当认定为无效。杨某某垫付了本应由某矿业公司承担的养老保险费,某矿业公司应予返还。

综上所述,用人单位与劳动者关于免除用人单位缴纳社会保险费义务的约定有违法律法规的强制性规定,应认定为无效。劳动者缴纳社会保险费后,向用人单位追偿应当由用人单位缴纳的社会保险费的,应予支持。

3. 马某某诉搜狐公司竞业限制纠纷案(最高人民法院指导案例184号)

马某某于2005年9月28日入职搜狐公司,双方最后一份劳动合同期限自2014年2月1日起至2017年2月28日止,马某某担任高级总监。2014年2月1日,搜狐公司与马某某签订《不竞争协议》。2017年2月28日劳动合同到期,双方劳动关系终止。2017年3月24日,搜狐公司向马某某发出《关于要求履行竞业限制义务和领取竞业限制经济补偿费的告知函》,要求其遵守《不竞争协议》,全面并适当履行竞业限制义务。马某某自搜狐公司离职后，于2017年3月中旬与优酷公司开展合作关系，后于2017年4月底离开优酷公司，违反了《不竞争协议》。搜狐公司向劳动人事争议仲裁委员会申请仲裁。马某某不服仲裁裁决，向法院提起诉讼。

法院认为，《不竞争协议》中关于竞业限制期限应将仲裁和诉讼的审理期限扣除的约定，属于《劳动合同法》第26条第1款第2项规定的"用人单位免除自己的法定责任、排除劳动者权利"的情形，应属无效。而根据该法第27条规定，劳动合同部分无效，不影响其他部分效力的，其他部分仍然有效。马某某无须继续履行对搜狐公司的竞业限制义务。

综上所述，用人单位与劳动者在竞业限制条款中约定，因履行竞业限制条款发生争议申请仲裁和提起诉讼的期间不计入竞业限制期限的，属于《劳动合同法》第26条第1款第2项规定的"用人单位免除自己的法定责任、排除劳动者权利"的情形，应当认定为无效。

● **相关案例索引**

1. 吴某与县公安局交通警察大队劳动合同纠纷案［云南省红河哈尼族彝族自治州中级人民法院（2015）红中民一终字第211号］

为依法管理员工、积极开展业务工作，在具备法定条件的情形下，用人单位可依据劳动合同法的规定依法解聘员工。用人单位此时通常仅需向劳动者按照其工作年限等情形支付解除劳动合同的经济补偿金，在过失性解除的场合无须支付赔偿金、补偿金。用人单位不按照劳动合同法的规定解除与劳动者之间的劳动合同，属非法解除劳动合同，用人单位须承担继续履行责任，在不适宜判决继续履行时，应判令其承担相应赔偿责任。

2. 郑某与某公司劳动保险纠纷案［浙江省衢州市中级人民法院(2014)浙衢民终字第 59 号］

缴纳社会保险费是用人单位和劳动者的法定义务。用人单位不为劳动者缴纳社会保险费，并以现金形式发放所谓社保补贴，违反法律规定，不能免除用人单位的法定缴费义务。即使双方之间有约定或者劳动者自愿放弃参加社会保险，因不符合法律规定，均属无效，用人单位还是应当履行缴费义务。

● **相关规定**

《劳动法》第 18 条、第 97 条；《劳动合同法》第 86 条、第 93 条

第二十七条 劳动合同部分无效

劳动合同部分无效，不影响其他部分效力的，其他部分仍然有效。

● **条文注释**

无效的合同可分为部分无效合同和全部无效合同。部分无效合同是指有些合同条款虽然违反法律规定而无效，但并不影响其他条款效力的合同。有些劳动合同就内容看，不是全部无效，而是部分无效，即劳动合同中的某一部分条款不发生法律效力。在部分无效的劳动合同中，无效条款如果不影响其余部分的效力，其余部分仍然有效，对双方当事人有约束力。

这一规定包含两层意思：（1）如果认定劳动合同的某些条款无效，该部分内容与劳动合同的其他内容相比较，应当是相对独立的，该部分与劳动合同的其他部分具有可分性，也就是本条所说的，劳动合同无效部分不影响其他部分的效力。如果部分无效的条款与其他条款具有不可分性，或者当事人约定某劳动合同条款为劳动合同成立生

效的必要条款，那么该劳动合同的部分无效就会导致整个劳动合同的无效，而不能确认该部分无效时另一部分劳动合同内容又保持其效力。(2) 如果劳动合同的目的是违法的，或者根据诚实信用和公平原则，剩余部分的劳动合同内容的效力对当事人已经没有任何意义或者不公平合理的，劳动合同应当全部被确认为无效。

● *相关规定*

《劳动法》第 18 条

第二十八条　劳动合同无效后劳动报酬的支付

劳动合同被确认无效，劳动者已付出劳动的，用人单位应当向劳动者支付劳动报酬。劳动报酬的数额，参照本单位相同或者相近岗位劳动者的劳动报酬确定。

第三章　劳动合同的履行和变更

第二十九条　劳动合同的履行

用人单位与劳动者应当按照劳动合同的约定，全面履行各自的义务。

● *实用问答*

1. 问：劳动者因工作原因占有、使用用人单位财物的，应如何处理？

答：用人单位要求劳动者返还劳动合同存续期间因劳动合同的履行而由劳动者占有、使用的财物的，应当按照劳动争议案件处理。用人单位要求劳动者返还劳动合同存续期间劳动者非因工作原因借用的财物的，应当按照普通民事案件处理。

2. 问：劳动合同期限内存在哪些情形，可以认定为劳动合同中止？

答：劳动合同履行过程中存在以下情形之一的，可以认定为劳动合同中止履行：（1）经双方当事人协商一致中止履行劳动合同的。(2) 劳动者因涉嫌违法犯罪被限制人身自由的。(3) 劳动合同因不可抗力暂时不能履行的。(4) 劳动者应征入伍或履行国家规定的其他法定义务的。(5) 劳动者暂时无法履行劳动合同的义务，但仍有继续履行条件和可能的。(6) 法律、法规规定的或劳动合同约定的其他情形。劳动合同中止履行期间，劳动关系保留，劳动合同暂停履行，用人单位可以不支付劳动报酬并停止缴纳社会保险费。劳动合同中止期间不计算为劳动者在用人单位的工作年限。劳动合同中止情形消失，除已经无法履行的外，应当恢复履行。

3. 问：劳动合同不能继续履行的具体情形有哪些？

答：《劳动合同法》第48条中"劳动合同已经不能继续履行的"情形包括：（1）用人单位被依法宣告破产、吊销营业执照、责令关闭、撤销或者用人单位决定提前解散的。(2) 劳动者在仲裁或者诉讼过程中达到法定退休年龄的。(3) 劳动合同在仲裁或者诉讼过程中到期终止且不存在《劳动合同法》第14条规定的应当订立无固定期限劳动合同情形的。(4) 劳动者原岗位对用人单位的正常业务开展具有较强的不可替代性和唯一性（如总经理、财务负责人等），且劳动者原岗位已被他人替代，双方不能就新岗位达成一致意见的。(5) 劳动者已入职新用人单位的。(6) 仲裁或者诉讼过程中，用人单位有证据证明向劳动者提供合理工作岗位，但劳动者拒绝的。(7) 其他明显不具备继续履行劳动合同条件的。用人单位仅以劳动者原岗位已被他人替代为由进行抗辩的,不宜认定为"劳动合同已经不能继续履行的"情形。

4. 问:劳动者主张继续履行劳动合同,但劳动合同已无法继续履行的,应如何处理?

答:劳动者主张继续履行劳动合同,但劳动合同确已无法继续履行的,用人单位应当向劳动者进行释明,告知其可以变更请求为要求用人单位支付违法解除劳动合同的赔偿金,如果劳动者坚持不变更,应当驳回其继续履行劳动合同的请求,并告知劳动者可以另行主张违法解除劳动合同的赔偿金。

● **典型案例**

1. **用人单位违反最低工资标准规定的,应予补发差额** [福建省龙岩市中级人民法院(2014)岩民终字第1073号]

陈某于2002年5月起到某公司工作,并签订了劳动合同,工资按计件计算。2013年3月后,某公司生产任务减少,陈某陆续未正常到公司上班,某公司于2014年1月26日作出《关于对陈某按自动离职处理的决定》,以陈某没有回公司打卡上班为由,根据公司规定,给予按自动离职处理。陈某向仲裁委申请仲裁,龙岩市仲裁委员会于2014年5月8日作出岩劳仲案(2014)62号裁决,裁决:某公司支付陈某最低工资标准差额和违法解除劳动关系的双倍经济补偿金。某公司与陈某均不服该裁决,遂诉至法院。某公司诉称:(1)陈某所在仓库有大量物资需要处理,工作量并未减少,而陈某以没有工作量为由经常缺席、旷工,自2013年12月起,陈某已连续旷工45天,违反了公司《员工手册》《员工奖惩办法》的规定。其以实际行动单方解除了与公司之间的劳动关系,故某公司才按自动离职处理,并不违反法律、法规的规定。(2)由于陈某未正常出勤,未付出正常劳动,某公司无须按最低工资标准支付工资。

法院认为，2013年3月开始，某公司的生产任务减少，陈某没有按照某公司的规定打卡上班与某公司的生产任务不足存在因果关系，某公司未充分考虑自身生产任务不足造成陈某没有正常上班的因素，给予陈某按自动离职处理没有事实依据。某公司未按劳动合同法规定与陈某协商解除劳动关系，并提前30日以书面形式通知陈某，应支付陈某经济补偿金二倍的赔偿金。2013年3月开始，某公司的生产任务减少，陈某的计件工资没有达到当地最低工资标准与某公司的生产任务不足存在因果关系，根据劳动和社会保障部令第21号关于最低工资规定，某公司应当补发陈某最低工资标准的差额部分。

综上所述，用人单位与劳动者签订了书面劳动合同，双方之间的劳动关系受法律保护。劳动关系各方应当遵守法律、法规的规定，按照劳动合同的约定，全面履行各自的义务。因生产任务减少，用人单位只能给劳动者安排少量工作，但仍按原计件标准发放工资，致使其月工资始终低于当地最低工资标准，违反了最低工资标准的规定，应当依法向劳动者支付实发工资与最低工资标准的差额。

2. 劳动关系解除后仍应履行劳动合同附随义务（广东高院发布劳动争议十大典型案例之七）

张某在某医院担任副主任医师，在劳动合同履行期间，张某向医院递交辞职报告满一个月后自行离职。其后，该医院做出除名决定，以张某旷工、严重违反规章制度为由给予其除名处分，解除双方签订的《聘用合同》。张某向法院起诉，请求该医院解除对其医通卡的绑定。

法院认为，医通卡是张某作为医疗卫生行业的专业技术人员进行后续职业教育的依据，关系到张某的再就业。在双方劳动合同关系解除后，为张某办理医通卡解除绑定手续属于该医院应履行的后合同义务，并不以张某是否完成离职手续为转移。张某请求该医院解除对其医通卡的绑定，有事实和法律依据，应予支持。

综上所述，用人单位与劳动者解除劳动合同后，劳动合同中约定的权利义务虽已终止，但双方当事人仍应依法履行劳动关系结束后的附随义务，以免影响劳动者再就业和企业正常生产经营。

● *相关规定*

《劳动合同法》第3条

第三十条　劳动报酬

用人单位应当按照劳动合同约定和国家规定，向劳动者及时足额支付劳动报酬。

用人单位拖欠或者未足额支付劳动报酬的，劳动者可以依法向当地人民法院申请支付令，人民法院应当依法发出支付令。

● *典型案例*

用人单位单方降低劳动报酬，员工未提异议不应视为默认（广东省高级人民法院发布九个劳动争议典型案例之九）

冯某某于2013年1月13日入职某食品公司，工资构成为"底薪+岗位技能薪资+提成工资"。其后，该食品公司将冯某某岗位技能薪资由4155元先后降低为3400元、3000元、2500元。冯某某以该食品公司未及时足额支付劳动报酬及未依法缴纳社会保险费为由提出被迫解除劳动合同，要求该食品公司支付劳动报酬差额及经济补偿金。

法院认为，带薪年休假、劳动报酬的调整事关劳动者切身利益，属于变更双方劳动合同。用人单位降低劳动者的劳动报酬应当与劳动者协商确定。该食品公司单方降低冯某某的岗位技能薪资，冯某某未提异议不能视为默认，食品公司应当补足上述期间冯某某应得的工资差额及支付解除劳动合同的经济补偿金。

综上所述，劳动报酬属于劳动合同的重要内容，不得单方随意变更。本案依法认定劳动者未提出异议并非同意降薪，有助于防止用人单位利用自身优势地位确定不公平内容，侵害劳动者的合法权益。

● **相关规定**

《劳动法》第46~51条；《劳动合同法》第38条、第85条；《民事诉讼法》第249~252条；《劳动保障监察条例》第26条；《工资支付暂行规定》；《劳动部关于贯彻执行〈中华人民共和国劳动法〉若干问题的意见》第53~72条；《最低工资规定》；《关于工资总额组成的规定》

第三十一条　加班

用人单位应当严格执行劳动定额标准，不得强迫或者变相强迫劳动者加班。用人单位安排加班的，应当按照国家有关规定向劳动者支付加班费。

● **条文注释**

实践中，用人单位变相强迫劳动者加班主要表现为用人单位通过制定不合理、不科学的劳动定额标准，使得该单位大部分劳动者在八小时制的标准工作时间内不可能完成生产任务，而为了完成用人单位规定的工作任务，获得足以维持其基本生活的劳动报酬，劳动者不得不在标准工作时间之外延长工作时间，从而变相迫使劳动者不得不加班。

支付加班费的具体标准是：在标准工作日内安排劳动者延长工作

时间的，支付不低于工资的150%的工资报酬；休息日安排劳动者工作又不能安排补休的，支付不低于工资的200%的工资报酬；法定休假日安排劳动者工作的，支付不低于工资的300%的工资报酬。

● *实用问答*

1. 问：标准工时工作制下确认加班事实的证据，应如何审查认定？

答：标准工时工作制下认定劳动者是否存在加班事实，应主要审查以下方面：（1）劳动者的工作时间超过法定工作时间标准。（2）劳动者在超出的工作时间内是在为用人单位提供劳动。（3）加班是由用人单位安排的或者经用人单位批准的。

2. 问：加班工资基数应如何认定？

答：双方当事人对工资构成和工作时间有明确约定的，从其约定。劳动者正常工作时间的工资低于当地最低工资标准的，以当地最低工资标准为计算基数。双方当事人对工资构成和工作时间约定不明确，按实际发放工资中的正常工作时间工资作为加班工资的计算基数。折算后的正常工作时间工资低于当地最低工资标准的，以当地最低工资标准为计算基数。

3. 问：用人单位安排劳动者休息日加班后安排了补休，劳动者拒绝补休的，用人单位能否免除支付加班费义务？

答：用人单位安排劳动者休息日加班后安排了补休，劳动者拒绝补休并要求用人单位支付加班费的，不予支持。

● *典型案例*

1. **劳动者在离职文件上签字确认加班费已结清，是否有权请求支付欠付的加班费**（人力资源社会保障部、最高人民法院联合发布十起第二批劳动人事争议典型案例之九）

2017年7月，肖某与某科技公司（已依法取得劳务派遣行政许可）订立劳动合同，被派遣至某快递公司担任配送员，月工资为基本工资加提成。肖某主张某快递公司在用工期间安排其双休日及法定节假日加班，并提交了工资表。工资表加盖有某科技公司公章，某科技公司和某快递公司均认可其真实性。该工资表显示，在2017年7月至2019年10月期间肖某存在不同程度的双休日加班及法定节假日加班，但仅获得少则46.15元、多则115.40元的出勤补贴或节假日补助。2019年11月，肖某向某科技公司提出离职，当日双方签署离职申请交接表。该表"员工离职原因"一栏显示："公司未上社会保险，工作压力大、没给加班费。""员工确认"一栏显示："经说明，我已知悉《劳动合同法》上的权利和义务，现单位已经将我的工资、加班费、经济补偿结清，我与单位无其他任何争议。本人承诺不再以任何理由向某科技公司及用工单位主张权利。"员工签名处有肖某本人签名。肖某对离职申请交接表的真实性认可，但认为表中"员工确认"一栏虽系其本人签字，但并非其真实意思，若不签字，某科技公司就不让其办理工作交接，该栏内容系某科技公司逃避法律责任的一种方法。肖某不服仲裁裁决，诉至人民法院。

法院认为，《最高人民法院关于审理劳动争议案件适用法律问题的解释（一）》第35条规定："劳动者与用人单位就解除或者终止劳动合同办理相关手续、支付工资报酬、加班费、经济补偿或者赔偿金等达成的协议，不违反法律、行政法规的强制性规定，且不存在欺诈、胁迫或者乘人之危情形的，应当认定有效。"司法实践中，既应尊重和保障双方基于真实自愿合法原则签订的终止或解除劳动合同的协议，也应对劳动者明确持有异议的、涉及劳动者基本权益保护的协议真实性予以审查，依法保护劳动者的合法权益。本案中，肖某认为离职申请交接表"员工确认"一栏不是其真实意思表示，上面记载的内容也与事实不符。该表中"员工离职原因"与"员工确认"两处表述确实存在矛盾。两家公司均未提供与肖某就加班费等款项达成的协议及已向肖某支付上述款项的证据，且肖某否认双方就上述款项已达成一致并已给付。因此，离职申请交接表中员工确认的"现单位已将我的工资、加班费、经济补偿结清，我与单位无其他任何争议"与事实不符，不能认定为肖某的真实意思表示。本案情形并不符合《最高人民法院关于审理劳动争议案件适用法律问题的解释（一）》第35条之规定，故法院依法支持肖某关于加班费的诉讼请求。

综上所述，实践中，有的用人单位在终止或解除劳动合同时，会与劳动者就加班费、经济补偿或赔偿金等达成协议。部分用人单位利用其在后续工资发放、离职证明开具、档案和社会保险关系转移等方面的优势地位，借机变相迫使劳动者在用人单位提供的格式文本上签字，放弃包括加班费在内的权利，或者在未足额支付加班费的情况下让劳动者签字确认加班费已经付清的事实。劳动者往往事后反悔，提起劳动争议仲裁与诉讼。劳动者在签署相关协议时，亦应熟悉相关条款含义，审慎签订协议，通过合法途径维护自身权益。

2. 刘某某与某木业公司劳动合同纠纷案（重庆市高级人民法院发布第五批劳动争议十大典型案例之八）

2012年7月17日，刘某某与某木业公司建立劳动关系，刘某某的工作岗位为办公室副主任，《应聘登记表》上载明试用期工资为每月2500元，《转正审批表》上载明的转正后工资为每月3000元。双方签订的《劳动合同》中第三条关于工作时间和休息休假约定为："（1）员工每周工作六天，每天工作8小时，并依据各自所在岗位的性质、要求和工作特点，实行相应的工作制。（2）甲方不提倡加班，除《劳动法》规定不受限制的情形外，确因生产经营（工作）需要，经与乙方协商,可安排乙方加班加点,并给予补休或者支付加班工资,加班工资按公司有关规定执行。"刘某某实际每周工作六天,每月实际领取的工资均不低于3000元。2018年1月22日,刘某某以其每星期至少加班1天、节假日也有加班等事实,起诉请求判令某木业公司支付加班费748384元等。

法院认为,刘某某与某木业公司在《劳动合同》的第三条已明确约定每周工作六天,每天工作8小时,可见刘某某在签订劳动合同时对工作时间为每周六天是明知的,而刘某某签订劳动合同时约定的月工资标准为3000元,该县在2012年期间的最低工资标准为每月950元,加上每周第六天加班工资总和为1299元,某木业公司对刘某某超出国家法定工作时间的劳动在工资中给予体现和补偿,且所发工资中扣除加班工资后的折算数额不低于本地最低工资标准,双方关于工资和工作天数的约定不违反法律强制性规定,应当认定某木业公司所发工资中已经包含了第六天的加班工资,现刘某某再次主张第六天的加班工资,其请求不应得到支持,遂判决驳回刘某某的相应诉讼请求。

综上所述,劳动者与用人单位签订的劳动合同中明确约定每周工作六天,且实发工资中扣除加班工资后的折算数额不低于最低工资标准的,应当认定用人单位所发工资中已经包含了第六天的加班工资。劳动者另行要求用人单位支付第六天加班工资的,不予支持。

3. 某医院与向某某劳动争议纠纷案(重庆市高级人民法院发布劳动争议典型案例之十)

向某某于2010年3月1日到某医院从事护工工作,双方签订了《非全日制用工劳动合同书》,约定:每天工作4小时,每周不超过24小时。2012年5月1日,双方再次签订《非全日制用工劳动合同书》,

约定：按非全日制用工形式，聘用向某某到某医院工作，并特别约定如因特殊原因节假日不能休息的，根据实际上班时间按合同约定标准按时计发工资报酬。2015年10月1日，因医疗服务辅助工作外包，某医院遂解除了与向某某的劳动关系。后经仲裁机构裁决，双方从2010年6月14日至2015年9月30日存在非全日制用工关系，某医院支付向某某加班工资9360元。某医院认为，已经按照合同约定按向某某实际工作时间支付了劳动报酬，向某某要求某医院支付加班工资无事实和法律依据，故提起诉讼。

法院认为，由于双方系非全日制用工关系，非全日制用工在用工方式上具有灵活性，用人单位可以和劳动者协商确定工作时间、工作内容、劳动报酬等合同内容。某医院以合同约定的工资标准按照实际工作时间支付工资，并不违反法律规定。根据《劳动法》的规定，参照《工资支付暂行规定》第13条，安排劳动者在法定标准工作时间以外工作的，应按一定比例加付加班工资。本案中，向某某主张平均日工作时间超过4小时，应按法律规定的加班工资标准支付工资报酬，但《国务院关于职工工作时间的规定》规定的标准工作时间为每日8小时，每周40小时。因此，这里的4小时并非标准工作时间，超过4小时也并非超过"法定标准工作时间"，故不能以平均日工作时间超过4小时为由要求加付"加班工资"。综上所述，双方当事人系非全日制用工关系，某医院已经按照实际工作时间按照合同约定的标准支付了工资，某医院的诉讼请求应予支持。遂判决某医院不向向某某支付加班工资。

综上所述，非全日制用工关系中，劳动合同中约定的工作时间并非标准工作时间，用人单位按照劳动者实际工作时间支付工资后，劳动者要求支付加班工资的，人民法院不予支持。

● *相关规定*

《劳动法》第36~45条、第90条、第91条；《劳动合同法》第4条、第38条、第85条；《国务院关于职工工作时间的规定》（1995年修订）第2~7条；《劳动部关于贯彻执行〈中华人民共和国劳动法〉若干问题的意见》第65~72条；《劳动部关于企业实行不定时工作制和综合计算工时工作制的审批办法》第3~7条

第三十二条 劳动者拒绝违章指挥、强令冒险作业

劳动者拒绝用人单位管理人员违章指挥、强令冒险作业的，不视为违反劳动合同。

劳动者对危害生命安全和身体健康的劳动条件，有权对用人单位提出批评、检举和控告。

● *相关规定*

《劳动法》第52~57条；《劳动合同法》第38条、第88条；《工会法》第24条；《职业病防治法》

第三十三条 用人单位名称、法定代表人等的变更

用人单位变更名称、法定代表人、主要负责人或者投资人等事项，不影响劳动合同的履行。

● *相关案例索引*

用人单位法定代表人或股东变更不影响用工责任的承担（江苏省高级人民法院公布2013年劳动争议十大典型案例之十）

企业的法定代表人或者股东发生变更，只是其内部的组织结构发生了变化，并不影响企业对外民事责任的承担。因此，我国《劳动合

同法》第33条规定："用人单位变更名称、法定代表人、主要负责人或者投资人等事项，不影响劳动合同的履行。"企业现在的法定代表人或者股东如果以争议的事件发生在其接手之前为由，主张不对劳动者承担用工责任，不会得到法院的支持。股权收购是一项复杂的法律工程，收购过程中除应当对公司的财产、股权进行谨慎的评估外，还需注意劳动用工风险方面的调查，否则，盲目的收购可能会导致自己承担意想不到的责任。

第三十四条 用人单位合并或者分立

用人单位发生合并或者分立等情况，原劳动合同继续有效，劳动合同由承继其权利和义务的用人单位继续履行。

● **相关规定**

《民法典》第67条、第556条；《最高人民法院关于审理劳动争议案件适用法律问题的解释（一）》第43条

第三十五条 劳动合同的变更

用人单位与劳动者协商一致，可以变更劳动合同约定的内容。变更劳动合同，应当采用书面形式。

变更后的劳动合同文本由用人单位和劳动者各执一份。

● **条文注释**

劳动合同的变更，是指劳动合同依法订立后，在合同尚未履行或者尚未履行完毕之前，经用人单位和劳动者双方当事人协商同意，对劳动合同内容作部分修改、补充或者删减的法律行为。

根据本法第40条第3项的规定，劳动合同订立时所依据的客观

情况发生重大变化,是劳动合同变更的一个重要事由。所谓"劳动合同订立时所依据的客观情况发生重大变化",主要是指:(1)订立劳动合同所依据的法律、法规已经修改或者废止。(2)用人单位方面的原因。用人单位经上级主管部门批准或者根据市场变化决定转产、调整生产任务或者生产经营项目等。(3)劳动者方面的原因。如劳动者的身体健康状况发生变化、劳动能力部分丧失、所在岗位与其职业技能不相适应、职业技能提高了一定等级等,造成原劳动合同不能履行或者如果继续履行原合同规定的义务对劳动者明显不公平。(4)客观方面的原因。主要有:①由于不可抗力的发生,使得原来合同的履行成为不可能或者失去意义。不可抗力是指当事人所不能预见、不能避免并不能克服的客观情况,如自然灾害、意外事故、战争等。②由于物价大幅度上升等客观经济情况变化致使劳动合同的履行会花费太大代价而失去经济上的价值。这是民法的情势变更原则在劳动合同履行中的运用。

● **典型案例**

1. 用人单位改变内部组织架构不属于客观情况发生重大变化

[吉林省高级人民法院(2017)吉民再296号]

原告邱某于2006年8月入职被告某公司。2014年9月25日,双方签订了无固定期限劳动合同。2014年下半年开始,某公司对组织架构进行调整,邱某的职务由东北大区经理变更为总经理办公室项目协调经理,工作地点由长春市变更至上海市,职务等级和工资待遇保持不变。2015年4月28日至5月5日,双方多次就劳动合同的变更与劳动关系的解除进行商谈,但没有达成一致。某公司于2015年5月8日发出解除劳动合同通知,以订立劳动合同时所依据的客观情况发生重大变化为由与邱某解除了劳动关系,并向其支付了经济补偿金。邱某于 2015 年向仲裁委提出申请,请求:某公司向邱某支付违法解除劳动关系经济赔偿金。长春市朝阳区仲裁委员会于 2015 年 11 月 3 日下达了长朝劳人仲裁字 2015 第 69 号仲裁裁决书,裁决对邱某的仲裁请求不予支持。邱某遂提起诉讼。

法院认为,客观情况发生重大变化应当是指用人单位面临的外部环境发生了其自身无法改变或者不能控制的重大变故,变更劳动者岗位或者与其解除劳动合同是用人单位不得不面对的事实,具有很强的被动性。而本案某公司进行自身内部结构调整是为了追求更高利润,将东北大区和西北大区合并,择优选择西北大区的负责人接替邱某的工作岗位,其单方面变更双方签订的劳动合同中的工作地点和工作岗位,违反了劳动合同法的规定,不应认定为某公司客观情况发生重大变化。故某公司解除与邱某间的劳动关系系违法解除。

综上所述,很多用人单位为了降低运营成本、提高效益,通过内部组织架构调整的方式使劳动者原工作岗位不复存在,进而解除劳动合同。这种情形不属于《劳动法》、《劳动合同法》规定的"劳动合同订立时所依据的客观情况发生重大变化"。在协商不成解除劳动合同时,用人单位应当向劳动者支付赔偿金。

2. 某药房公司与文某劳动争议纠纷案(重庆市高级人民法院发布劳动争议典型案例之七)

某药房公司与文某于 2015 年 7 月签订《劳动合同》,约定:文某的工作岗位为收银员;某药房公司根据工作需要,可以调整文某的工作岗位;文某须服从某药房公司管理,听从某药房公司工作安排、调动,如有违反,则文某自动与某药房公司解除劳动合同;未经书面请假及请假未得到批准,旷工 3 日以上,则文某自动与某药房公司解除劳动合同。2016 年 6 月,文某在某药房公司考核中排名最后,某药房公司根据工作需要将文某某调整到重庆市南岸区上班，工作岗位为营业员。文某不服从调整，从同月4日起就未上班。某药房公司于2016年6月7日、13日两次书面通知文某在2个工作日内回办公室报到，但文某均未理会。某药房公司遂于同月30日以文某连续旷工3日以上为由，解除了与文某的劳动合同。2016年7月22日，文某以某药房公司违法解除劳动合同为由，向仲裁机构申请仲裁，仲裁机构未予受理，文某遂提起诉讼。

法院认为，根据《劳动合同法》第35条第1款规定，劳动合同的履行地点属于劳动者求职时应当考虑的重大因素，用人单位调整劳动者的工作岗位应当与劳动者协商一致，不能对劳动者的日常生活产生重大影响。本案中，某药房公司未与文某协商一致，便将其工作地点调整到重庆市南岸区，对文某日常生活造成重大影响，存在不当，文某有权拒绝，但文某自接到调岗通知后，既未到新的工作岗位报到，亦未回原工作岗位工作，同时也未向劳动行政部门主张相应的权利，而是采取不到岗工作的消极方式对待调岗通知，且在两次接到某药房公司要求其回公司报到的书面函告后，仍未回公司报到，其行为严重违反了公司的规章制度，也违反了劳动合同的约定。某药房公司据此解除与文某的劳动合同符合法律规定。判决驳回文某要求某药房公司支付赔偿金的诉讼请求。

综上所述，用人单位依照约定变更劳动者工作岗位、地点，劳动者采取不到岗等消极方式对待，违反用人单位规章制度，用人单位据此解除劳动合同的，不构成违法解除。

3. 邓某某与重庆某电气集团劳动争议案（重庆市高级人民法院发布劳动争议典型案例之八）

1998年7月1日，邓某某入职某电气公司，从2008年10月起其工作地点一直在某电气公司的子公司某机电公司，后该子公司基于生产经营需要整体搬迁，某电气公司为员工提供了交通车。邓某某以搬迁给其造成不便为由一直未到搬迁后的某机电公司工作。2016年8月25日，邓某某以某电气公司未提供劳动条件为由提出解除劳动关系，并请求支付经济补偿金。

法院认为，某机电公司系因客观原因整体搬迁，并非针对特定的劳动者，且其搬迁后的地点与邓某某原来工作的地点均在主城区北部，距离并非特别遥远。虽然工作地点的变化难免会给邓某某带来不便，但某机电公司整体搬迁系出于生产经营需要，邓某某应当负有一定的容忍及配合义务。同时，某机电公司还提供了交通车，为邓某某工作提供了便利条件。故某机电公司调整邓某某的工作地点具有合理性，并非不当。邓某某以某电气公司未提供劳动条件为由提出解除劳动关系，并请求支付经济补偿金的理由不成立。法院遂判决驳回邓某某的诉讼请求。

综上所述，用人单位单方调整劳动者地点的，人民法院应综合各种因素对其合理性进行判断。用人单位基于生产经营需要调整劳动者工作地点，并对劳动者上班提供便利的，劳动者不得以此为由解除劳动合同，并要求支付经济补偿金。

4. 某物管公司与曾某某劳动争议案（重庆市高级人民法院发布第六批劳动争议十大典型案例之五）

2008年5月13日，曾某某与某物管公司签订《劳动合同书》，约定某物管公司聘请曾某某为该公司物管员，工作地点为重庆市，某物管公司可以根据工作需要调整曾某某的工作地点等。合同期满后，曾某某与某物管公司两次续签劳动合同。曾某某的工作地、居住地均为重庆市渝北区。2018年7月25日，某物管公司向曾某某出具《人员调整通知》，通知曾某某于2018年8月1日起到重庆市奉节县工作。接到通知后，曾某某向某物管公司递交《情况说明》，以家有高龄患病老人需要赡养、自己年龄较大等理由请求某物管公司收回通知。后某物管公司再次通知曾某某到重庆市奉节县工作，曾某某认为某物管公司调岗不合理，仍到原工作单位上班。2018年8月17日，某物管公司以曾某某不服从安排和旷工为由解除了与曾某某的劳动合同。曾某某以某物管公司违法解除劳动合同为由申请仲裁，要求某物管公司支付违法解除劳动合同赔偿金。仲裁裁决作出后，某物管公司不服提起诉讼。

  法院认为，虽然双方签订的《劳动合同书》约定了曾某某的工作地点为重庆市，且某物管公司有权对曾某某的工作地点进行调整，但不能因此认定某物管公司可以在重庆市范围内随意调整曾某某的工作地点，某物管公司调整曾某某的工作地点，仍应具有正当性、合理性。曾某某入职某物管公司后一直在重庆市渝北区工作，其居住地亦在渝北区。某物管公司于2018年7月25日向曾某某出具《人员调整通知》，通知曾某某到重庆市奉节县工作。渝北区和奉节县虽均属于重庆市辖区域，但二者相距数百公里，某物管公司在渝北区的经营场所并未取消，且亦未举证证明将曾某某工作地点调整至奉节县系生产经营之必需，某物管公司调整曾某某工作地点的行为明显会对曾某某的工作、生活产生重大不利影响。因此，某物管公司的调岗行为不具有正当性、合理性，构成用工自主权的滥用。曾某某收到调岗通知后，及时向某物管公司出具了《情况说明》，并仍到原工作地点上班，不应认定为曾某某构成旷工，某物管公司以曾某某不服从安排和旷工为由解除与曾某某的劳动合同系违法。人民法院遂判决某物管公司向曾某某支付违法解除劳动合同赔偿金。

综上所述，劳动合同虽约定用人单位有权调整劳动者的工作地点，但用人单位调整劳动者工作地点时仍应具有正当性、合理性。用人单位在原工作地点的经营场所并未取消，且不能举证证明调整劳动者工作地点系基于生产经营之必需的，应当认定用人单位的调岗行为不当。

5. 用人单位合理调岗属依法行使用工自主权（广东省高级人民法院发布九个劳动争议典型案例之四）

江某于2019年8月12日入职某汽车公司，工作岗位为市场部前台文员。2021年10月21日，汽车公司发出通告：公司目前因市场原因客流下滑，为了优化公司架构，调整江某为客服招揽专员。江某不服从调岗安排，拒不到岗。该汽车公司此后多次通知江某，其原岗位已经撤销并入金融专员岗位，要求江某到新岗位上班。2021年12月5日，汽车公司向江某发出通知，称其无故连续旷工3日以上，视为自动离职处理，且无任何补偿费。2022年1月28日，江某请求该汽车公司支付违法解除劳动合同赔偿金15000元。

法院认为，江某原工作岗位已被撤销，汽车公司有必要对江某的岗位作出调整。该汽车公司将江某调整为客服招揽专员，薪酬待遇亦不低于调岗前，虽然工作地点有变动，但距离仍在正常范围内，属合理调岗。江某拒不服从调岗安排并连续旷工，该汽车公司解除劳动合同合法，无需向江某支付赔偿金。

综上所述，用人单位根据生产经营需要调整劳动者的工作岗位，调岗不具有侮辱性和惩罚性，且工资待遇与之前岗位相当的，劳动者应当服从。本案依法保护用人单位正当的用工自主权，保障生产经营的有序开展。

6. 以公司股权变动为由解除劳动合同违法（广东省高级人民法院发布九个劳动争议典型案例之七）

2007年1月，黄某与某房地产公司签订书面劳动合同，工作岗位为副总经理。2021年8月10日，房地产公司以集团公司股权发生重大变化为由，向黄某发出《解除劳动合同通知书》并支付了经济补偿金。黄某申请劳动仲裁，仲裁裁决驳回黄某的请求，黄某不服提起诉讼。

法院认为，房地产公司董事会免去黄某的高管职务原因为股权变动，股权变动并不影响公司的正常生产经营，不属于《劳动合同法》所规定"劳动合同订立时所依据的客观情况发生重大变化，致使劳动合同无法履行"的情形。房地产公司解除与黄某的劳动合同构成违法解除，应向黄某支付赔偿金。

综上所述，公司股权变动并非劳动合同订立时所依据客观情况发生重大变化的情形，用人单位不能以此为由解除劳动合同。本案处理对用人单位解除劳动合同的行为予以规范，依法促进劳动者合法权益的保护。

7. 用人单位不得以逼迫离岗等方式违法解除劳动合同（广东省高级人民法院劳动争议十大典型案例之四）[①]

某电子公司单方面将符某某的岗位津贴设置为考核工资，只有完成一定的考核才能领取该工资，没有完成则不能足额发放，变相降低了工资，并因为符某某不同意降低底薪，将其从公司的微信工作群移出以逼其离职。因符某某仍在处理客户相关事宜，该电子公司遂口头辞退符某某。符某某不服劳动仲裁裁决后向人民法院起诉，要求该电

---

① 载广东法院网，https://www.gdcourts.gov.cn/gsxx/quanweifabu/anlihuicui/content/post_1047081.html，2023年11月24日访问，以下不再标注。

子公司支付违法解除劳动合同赔偿金。

法院认为，该电子公司未提交证据证明双方约定的销售目标及符某某的业绩，以及有关销售不达标处理的规章制度。符某某提交的工资条显示其岗位津贴从原有的2000元降为0元，该电子公司未能举证证明降低符某某薪酬的合理性及合法性，亦无证据证明双方就调整工资结构协商一致。该电子公司在此情形下解除与符某某的劳动关系，应向符某某支付违法解除劳动合同赔偿金。

综上所述，获取劳动报酬是劳动者的一项重要权利。用人单位调整劳动者的薪酬待遇，实质上是对劳动合同的约定进行变更，应遵循平等自愿、协商一致的原则，不得违反法律、行政法规的规定。用人单位违法解除劳动合同，应向劳动者支付违法解除劳动合同赔偿金。

8. 某物流公司与罗某劳动争议案（重庆市高级人民法院发布第八批劳动争议十大典型案例之七）①

罗某于2016年6月21日到某物流公司工作，岗位为收派员。2020年9月10日，双方发生纠纷后，某物流公司遂将罗某在该公司的系统权限关闭并注销账户，导致罗某不能正常打卡，无法正常上班。2020年12月，某物流公司以罗某连续旷工81天，严重违反公司规章制度和劳动纪律为由，解除与罗某的劳动合同。罗某经仲裁后提起诉讼，要求某物流公司支付违法解除劳动合同赔偿金。

法院认为，为劳动者提供开展工作所需的劳动条件是用人单位在劳动合同履行过程中应尽的基本义务。罗某作为快递员，为其提供系统账户及操作权限，以便罗某接收派单任务、开展工作，是某物流公司应为劳动者提供的基本劳动条件。双方在劳动合同履行过程中发生

---

① 载人民网，http://cq.people.com.cn/n2/2022/0422/c365401-35235908.html，2023年11月24访问，以下不再标注。

纠纷后，某物流公司注销账户并关闭系统权限，导致罗某无法正常到岗工作。某物流公司又以罗某拒不服从工作安排、连续旷工为由解除与罗某的劳动合同，属于违法解除劳动合同，应承担赔偿责任。

综上所述，用人单位以注销账户、关闭系统权限等方式恶意阻碍劳动者到岗工作，后又以劳动者旷工为由解除劳动合同的，属于违法解除劳动合同，应当向劳动者支付赔偿金。

9. 戴某某诉玻璃公司追索劳动报酬纠纷案（《最高人民法院公报》2021年第2期）

戴某某于1996年11月4日进入被告玻璃公司工作，为包装股员工，2010年11月起戴某某任包装股课长。双方最后一期劳动合同期限自2014年3月1日起至2019年2月28日止，约定戴某某的工作岗位为操作工，玻璃公司根据工作需要，按照诚信原则，可依法变动戴某某的工作岗位，戴某某正常工作时间工资为最低工资标准，加班加点工资计发基数为最低工资标准，戴某某接受玻璃公司所给予职务调整和变动等。2016年1月4日，玻璃公司对戴某某作出人事通知，戴某某职务由课长调整为班长，职务工资由1500元调整至700元。2016年2月起，玻璃公司支付戴某某职务工资700元，2016年2月奖金为950元，2016年3月起奖金固定为800元。戴某某于2016年7月向劳动人事争议仲裁委员会申请仲裁。戴某某不服仲裁裁决，向法院提起诉讼。

法院认为，劳动者排名末位与劳动者不能胜任工作岗位之间并无必然联系，故用人单位根据末位淘汰制解除劳动关系违反法律规定。但在除解除劳动关系情形之外，末位淘汰制并非当然违法。根据本案查明的事实，戴某某调岗前担任的职务为玻璃公司包装股课长，该岗位具有一定的管理性质，要求劳动者具备更优秀、全面的职业技能。

用人单位根据劳动者的工作业绩，安排相对更为优秀的劳动者担任该职务既符合用人单位对于保证和提高产品质量的要求，亦能较大程度地激发劳动者的工作积极性，故用人单位依据末位淘汰制调整劳动者工作岗位在一定条件下应予以支持。本案中，玻璃公司与戴某某的劳动合同中明确约定玻璃公司根据工作需要，按照诚信原则，可依法变动原告的工作岗位。2016年1月4日，玻璃公司根据人员配置检讨事公告和戴某某2015年度考绩汇总表对戴某某的工作岗位进行调整，调岗后戴某某并未提出异议，应视为戴某某对本次调岗的认可。综上，本次调岗不违反双方劳动合同的约定，亦符合《劳动合同法》的相关规定，应认定为合法，因本次调岗引起的薪资变动亦属合法。现戴某某认为本次调岗违法并要求玻璃公司支付工资差额和经济补偿金没有事实和法律依据，应予驳回。

综上所述，用人单位依据末位淘汰制对员工实行奖优惩劣，对排名靠后的员工采取调岗调薪等措施，是企业经营自主权的重要内容，只要该调岗调薪行为是基于企业生产经营管理的合理需要，且不违反法律规定和单位依法制定的规章制度，劳动者主张该调岗调薪行为违法的，人民法院不予支持。

● *相关案例索引*

黄某与海天公司劳动争议纠纷案（江西省高级人民法院与江西省人力资源社会保障厅联合发布劳动人事争议十起典型案例之二）[①]

用人单位虽基于其经营、用工自主权，可合理调整岗位设置。但在对劳动者进行岗位的调整、变更时，基于劳动者所享有的职业选择权，以及劳动合同应协商一致的原则，仍应与劳动者就所变更的岗位

[①] 载微信公众号"江西人社"，https: //mp.weixin.qq.com/s/pFfvD7_cVuaxFo4Jiq15_Q，2023年11月24日访问。

进行协商，不应强行变更。

● **相关规定**

《劳动法》第 17 条

第四章　劳动合同的解除和终止

第三十六条　**协商解除劳动合同**

用人单位与劳动者协商一致，可以解除劳动合同。

● **条文注释**

按照本法第 46 条第 2 项规定，如果用人单位提出解除劳动合同的，应依法向劳动者支付经济补偿金。

● **相关规定**

《劳动法》第 24 条

第三十七条　**劳动者提前通知解除劳动合同**

劳动者提前三十日以书面形式通知用人单位，可以解除劳动合同。劳动者在试用期内提前三日通知用人单位，可以解除劳动合同。

● **实用问答**

问：劳动者未提前通知用人单位而擅自离职的，应如何处理？

答：劳动者未提前三十天（在试用期内提前三天）书面通知用人单位解除劳动合同，自行离职，或虽然履行通知义务，但未履行办理工作交接等相关义务，给用人单位造成损失，用人单位主张劳动者赔偿直接经济损失的，应予支持。对所造成的经济损失，用人单位负有举证责任。劳动者以《劳动合同法》第38条第2款规定为由解除劳动合同的，可以不需要事先通知用人单位。

● 典型案例

1. 劳动者行使劳动合同单方解除权后无法撤回 [北京市第二中级人民法院（2018）京02民终10944号]

原告陈某于2016年3月8日向被告某公司提交离职申请，某公司未予答复，陈某于3月25日向某公司提交"撤回离职申请的申请"。陈某于4月7日后未再出勤，后陈某请求某公司支付报酬和安排岗位，某公司不同意该请求，于7月25日回函表示，双方劳动关系因陈某提出离职申请，于2016年4月8日解除。陈某向法院起诉，诉称：某公司未批准其离职申请，其在三十日内申请撤回离职请求，故单方解除行为未能生效，双方劳动合同尚未解除，某公司属于违法解除劳动合同，要求某公司支付违法解除劳动合同经济赔偿金。某公司辩称：陈某主动提出离职，双方劳动合同于陈某出勤最后一日之后即2016年4月8日合法解除。

法院认为，某公司于2016年3月8日收到陈某提出的离职申请后，无须审批，即发生劳动者单方解除劳动合同的效力，陈某于三十日之内申请"撤回离职申请"并不影响其行使单方解除权的法律后果。因陈某有提前三十日通知的义务，且陈某也继续工作至三十日届满，故双方劳动关系存续期间应该截至2016年4月7日。双方劳动合同因陈某辞职而解除，其关于已经撤回离职申请的主张不能得到支持。

综上所述，劳动者享有单方解除劳动合同的权利，单方解除权属于形成权的范畴，劳动者向用人单位申请离职，用人单位收到该申请时，即产生解除劳动合同的法律效果，劳动者在用人单位作出决定前申请撤回离职申请，不能产生撤回解除劳动合同意思表示的法律效力。

2. 某旅游酒店公司与张某劳动争议纠纷案（最高人民法院发布十起关于弘扬社会主义核心价值观典型案例之二）[①]

2014年5月28日，被告张某受聘于原告某旅游酒店公司，从事工程员工作。2015年9月10日，张某以某旅游酒店未与其签订书面劳动合同及未给其缴纳社会保险为由离开公司。后于2015年9月14日向劳动人事争议仲裁委员会申请仲裁，要求解除与某旅游酒店公司的劳动合同关系，并要求某旅游酒店公司支付其各项损失费用。劳动人事争议仲裁委员会裁决：（1）由被申请人某旅游酒店公司支付申请人张某未签订劳动合同的双倍工资、解除劳动关系的经济补偿金、离职前半个月未支付工资；驳回申请人请求被申请人支付其加班费、订立无固定期限劳动合同之日至工作截止日二倍工资的仲裁请求；被申请人应该到社会保险经办机构为申请人办理2014年5月到2015年9月的社会保险，申请人应积极配合被申请人履行相关手续。某旅游酒店有限公司对该仲裁裁决不服，向法院提起诉讼。另查明，被告张某系某林场在职职工，自1999年起，因单位经济环境不景气、生产任务少等原因允许被告等大部分职工自谋生路，其间停发工资，但仍由原单位及被告个人按法律规定的数额分别缴纳社会保险费。2014年6月至2015年9月被告在某旅游酒店公司工作期间，双方未签订书面劳动合同。

法院认为，某旅游酒店、张某之间形成了事实上的劳动合同关

[①] 载中华人民共和国最高人民法院网站，https：//www.court.gov.cn/zixun/xiangqing/24931.html，2023年11月24日访问。

系，但某旅游酒店公司自用工之日起超过一个月不满一年未与张某签订书面劳动合同，应当按照法律规定向张某支付二倍的工资。张某主张按照仲裁裁决所确定的数额由某旅游酒店公司支付双倍工资的请求并未超过其一年内的平均工资，该项主张应予支持。张某所主张的2015年9月尚有半个月工资某旅游酒店公司未予发放的请求，某旅游酒店公司予以承认，因此，应予认定。但张某社会保险费企业应当承担部分仍由其原单位某林场进行缴纳，其不具备再就业企业再行缴纳社会保险费的待遇，因此，张某要求某旅游酒店公司再行为其缴纳社会保险费的请求不予支持。同时，因某旅游酒店公司无法为其缴纳社会保险费用，不存在《劳动合同法》第38条所规定的情形，张某自行提出要求与某旅游酒店公司解除劳动合同关系且未履行告知义务，某旅游酒店公司无须支付被告经济补偿金。

综上所述，按照法律规定，企业停薪留职、未达到法定退休年龄的内退人员、下岗待岗人员以及企业经营性停产放长假人员，因与新的用人单位发生用工争议，依法向人民法院提起诉讼的，人民法院应当按劳动关系处理。

3. 用人单位聘用与原用人单位保留劳动关系的内退职工，双方之间为劳动关系（江苏省高级人民法院公布2013年劳动争议十大典型案例之六）

沈某于2011年5月6日与某国营机械厂办理了内退手续，社会保险仍由该厂缴纳。2011年7月11日，沈某进入某科技公司工作，担任副经理一职。2012年12月29日，某科技公司召开全体员工大会就解除与沈某劳动关系一事征求沈某的意见，沈某表示同意。沈某亦于次日与公司办理了移交物品手续，将电脑、印章等办公室全部资料移交给公司。后沈某诉至法院，请求判令某科技公司支付解除劳动合同经济补偿金。

法院认为，某科技公司就解除劳动合同一事征求沈某意见时，沈某表示同意，且于第二天移交了办公物品，应视为双方已协商一致解除劳动关系，虽然沈某是其他单位的内退人员，但由于双方未就支付经济补偿金进行特别约定，故某科技公司仍应向沈某支付解除劳动合同经济补偿金。

综上所述，与原用人单位保留劳动关系的内退职工与新的用人单位建立用工关系的，应按劳动关系处理，若双方无特别约定，劳动者要求新用人单位支付解除劳动合同经济补偿金的，应予支持。

第三十八条　劳动者解除劳动合同

用人单位有下列情形之一的，劳动者可以解除劳动合同：

（一）未按照劳动合同约定提供劳动保护或者劳动条件的；

（二）未及时足额支付劳动报酬的；

（三）未依法为劳动者缴纳社会保险费的；

（四）用人单位的规章制度违反法律、法规的规定，损害劳动者权益的；

（五）因本法第二十六条第一款规定的情形致使劳动合同无效的；

（六）法律、行政法规规定劳动者可以解除劳动合同的其他情形。

用人单位以暴力、威胁或者非法限制人身自由的手段强迫劳动者劳动的，或者用人单位违章指挥、强令冒险作业危及劳动者人身安全的，劳动者可以立即解除劳动合同，不需事先告知用人单位。

● **实用问答**

问：用人单位未缴、欠缴社会保险费或未按规定的工资基数足额缴纳社会保险费的，劳动者主张予以补缴的，应如何处理？

答：用人单位未缴、欠缴社会保险费或未按规定的工资基数足额缴纳社会保险费的，劳动者主张予以补缴的，告知劳动者不属于劳动争议案件的受案范围，应裁定不予受理。已经受理的，应裁定驳回起诉。

● **典型案例**

1. 用人单位不因约定不缴社会保险费而免责 [上海市第一中级人民法院（2016）沪01行终294号]

2015年8月10日，第三人刘某向被告浦东人保局投诉原告某公司存在多种违法行为，其中包括无故克扣工资、未为刘某缴纳社会保险费、未支付经济补偿金等，人保局于2015年8月11日立案受理。2015年8月27日、9月28日，人保局两次询问了某公司的委托代理人，并查阅了某公司提供的相关材料，证实某公司未为刘某缴纳2013年9月至2015年7月的社会保险费。人保局于2015年11月12日向某公司发出责令改正通知书，要求某公司补缴刘某的社会保险费，并支付经济补偿金。某公司未整改，人保局于2015年12月21日作出浦人社监（2015）理字第1731-1号行政处理决定书，要求某公司补缴相关的社会保险费。同日，人保局作出浦人社监（2015）理字第1731-2号《行政处理决定书》（以下简称行政处理决定），要求某公司在收到行政处理决定书之日起15日内支付刘某的经济补偿金，并将支付凭证以书面形式报浦东人保局。某公司不服行政处理决定，向法院起诉，请求撤销行政处理决定并责令浦东人保局重新作出决定。某公司诉称：刘某入职时提出不需要缴纳社会保险费，某公司在劳动合同期限内也未缴纳刘某的社会保险费。欠缴社会保险费的事实存在，但并非上诉人恶意拖欠，而是由于刘某主动提出，过错在于刘某。人保局要求某公司补缴社会保险费，进而支付经济补偿金，应考虑某公司是否存在恶意，不能只看客观上是否缴纳。

法院认为，人保局依法具有作出行政处理决定的法定职责。某公司在劳动合同期限内未为刘某缴纳社会保险费，劳动合同解除后，某公司未按规定支付经济补偿金。人保局据此作出行政处理决定，主要证据充分，适用法律正确。人保局收到投诉后，依职权对某公司实施监察，经调查，听取某公司、刘某陈述后，作出行政处理决定并送达《行政处理决定书》，行政程序符合《劳动保障监察条例》的规定。缴纳社会保险费系用人单位与劳动者的法定义务，用人单位不履行该项义务，须承担支付经济补偿金的法律责任，不因用人单位与劳动者单方要求或双方约定而免责。

综上所述，缴纳社会保险费系劳动者与用人单位的法定义务，不以双方约定不缴纳而免除该法定义务。用人单位不缴纳社会保险费的，应依法予以补缴，并将承担支付经济补偿金的相应法律责任。

2. 竞聘中高管任期届满未能再聘的，应按原约定岗位待遇执行（福建省高级人民法院劳动争议纠纷典型案例之七）[①]

某网络商务公司、某招标公司为股东相同的关联企业。2011年4月，周某某与某网络商务公司签订劳动合同，约定岗位为市场营销，合同期限自2011年4月1日起至2016年3月31日止。合同期限届满当日，周某某与某招标公司签订劳动合同，约定为管理岗位，合同期限自2016年4月1日起至2021年3月31日止，月工资基数标准1500

---

① 载福建省高级人民法院网站，https://www.fjcourt.gov.cn/Page/Court/News/ArticleTradition/0afdc8b2-5f57-46e7-a348-d666397ff5ca.html，2023年11月24日访问。

元。周某某于2013年12月23日参加某网络商务公司中高层管理职位竞聘，竞得该公司产品开发部副经理职位，月工资基数标准8800元，聘期自2014年2月1日起至2016年7月31日止。在该聘期届满之际，周某某再次参加某网络商务公司中高层管理职位竞聘，未能竞得职位。2016年8月8日，某网络商务公司决定免去周某某产品开发部副经理职位，调整其工作岗位为产品经理，月工资基数标准4150元。周某某认为某网络商务公司、某招标公司擅自调岗降薪，违反《劳动合同法》相关规定，于2016年8月12日申请劳动仲裁，请求解除劳动合同并由两公司支付经济补偿金等。

法院认为，劳动合同期限内，劳动者参加中高层管理岗位竞聘被聘任，双方在聘期内按照所聘任的新岗位确定权利义务，应视为劳动者通过竞聘程序与用人单位就合同约定的岗位及待遇进行了附终止期限的变更。劳动者在聘期届满后或不再参加竞聘或再次参加竞聘落聘的，为岗位及待遇变更终止期限届满，相应岗位及待遇变更的约定终止，双方应恢复履行劳动合同原约定的岗位及待遇，对此用人单位调整其工作岗位及待遇，只要不低于劳动合同的约定标准，就不应认定存在擅自调岗降薪的情形。本案某网络商务公司在周某某再次参加中高层管理岗位竞聘，落聘的情况下，终止其产品开发部副经理职位，调整岗位为产品经理并按相关工资标准发放，未违反劳动合同的约定，不符合《劳动合同法》第38条及第46条规定的应承担解除劳动合同经济补偿金的条件，周某某以某网络商务公司、某招标公司擅自调岗降薪导致劳动合同解除为由，请求两公司支付经济补偿金，缺乏事实和法律依据，对该请求依法予以驳回。

综上所述，为适应现代企业制度要求和市场竞争需要，不少企业对中高层管理岗位采用竞聘上岗和任期制的选拔制度，这是企业管理制度改革催生的产物，对于强化市场化观念和竞争意识，激发调动企业员工的积极性、创造性，促进企业管理岗位人才优化，具有积极作用。在竞聘制度下，对于未任职者，意味着机会，而对于在位者，则会因任期届满或再次参加竞聘，落聘而失去职位，易造成心理落差引发劳动争议。建议劳动关系双方特别是用人单位要不断加强人力资源管理工作的研究宣传教育，健全管理制度，营造公平有序的竞争环境，推动建立和谐稳定的劳动关系。

3. 劳动者主张推定解雇经济补偿金应以用人单位存在主观过错为前提（江苏省高级人民法院发布2016~2018年度劳动争议十大典型案例之八）

周某于2000年10月入职某营销公司任销售部经理职位，最后一期劳动合同至2015年7月11日。2012年10月8日，某营销公司免去周某销售部经理职务，通知周某停止一切市场相关工作，配合进行清查。2012年10月26日，公司以挂号信的方式向周某邮寄《员工清账通知》，通知其领取工资。2012年11月20日，公安局就周某涉嫌职务侵占一案决定立案。2013年2月25日，周某被刑事拘留。某营销公司按照最低工资标准支付周某2012年11月至2013年2月的工资。2013年4月4日，公安局对周某执行取保候审。2013年6月23日，周某发函给某营销公司，载明因公司自2013年5月以来没有为其缴纳社保，自2012年9月没有足额支付劳动报酬等，其依据《劳动合同法》第38条的规定决定于2013年6月24日解除劳动合同。2013年7月5日，周某申请仲裁，请求裁令某营销公司支付经济补偿金，仲裁委以该案仲裁请求与刑事案件的调查结果有关联为由中止审理。周某撤回仲裁申请。2014年9月16日，周某再次申请仲裁，仲裁委作出终结审理的决定。周某遂诉至法院。

法院认为，周某于2012年10月8日被免职后，已经停止从事原销售经理工作。2012年11月，周某因涉嫌职务侵占被公安机关立案侦查，后被采取强制措施。此后，某营销公司按照最低工资标准支付周某2012年11月至2013年2月的工资，该工资并非周某履行销售经理职务的对价；某营销公司于2012年10月向周某邮寄《员工清账通知》，表明其愿意支付周某9、10月的工资。2013年2月周某被刑事拘留后，事实上未再向某营销公司提供劳动，双方劳动合同中止履行，某营销公司无支付周某2013年3月至6月工资及缴纳社保的义务。关于2012年度奖金，某营销公司主张以开票额作为发放的依据，与周某关于以销售额作为发放依据存在争议。综上，某营销公司并非恶意拖欠劳动报酬和不缴纳社保，周某主张营销公司给付解除劳动合同经济补偿金的诉讼请求，不能成立。

综上所述，劳动者以用人单位未及时足额支付劳动报酬为由主张经济补偿金的，要结合单位不支付劳动报酬的原因、单位主观过错程度以及对劳动者生活的实质影响等综合考量，用人单位不存在主观恶意的，不构成推定解雇，对劳动者要求支付经济补偿金的主张，应不予支持。

4. 劳动者承诺放弃缴纳社会保险无效，用人单位仍需支付解除劳动合同经济补偿（北京市高级人民法院劳动关系诚信建设十大典型案例之二）

王某在某鞋业公司担任店长职务，双方于2008年12月至2015年2月期间存在劳动关系。王某为农村户口，王某主张因工作期间某鞋业公司未为其缴纳社会保险而被迫解除劳动合同，公司应依法支付经济补偿金。某鞋业公司认为未缴纳社会保险是由于王某签署承诺书，放弃缴纳社会保险，承诺书内容为："因自身原因拒绝提供缴纳社会保险所需要的一切材料,且自愿放弃办理社会保险,若日后出现医疗报销等社保纠纷时,自愿承担其后果,如有任何事情与公司无关"。因王某与某鞋业公司解除劳动关系产生纠纷,双方诉至法院。

法院认为,虽然王某本人书写承诺书放弃缴纳社会保险,但该约定违反国家关于社会保险的法律规定,应属无效。王某主张因某鞋业公司未缴纳社会保险而要求公司支付解除劳动合同经济补偿金的诉讼请求,法院予以支持。

综上所述,根据《劳动法》第72条规定,"用人单位和劳动者必须依法参加社会保险,缴纳社会保险费"。社会保险具有强制性,不可通过约定排除适用,用人单位和劳动者必须依法参加社会保险。为职工办理社会保险是用人单位的法定义务,无论用人单位还是劳动者都不能随意处分这项权利义务。现实生活中,劳动者本人书写的关于放弃缴纳社会保险的承诺虽属真实意思表示,但因违反法律法规的强制性规定而无效。劳动者以此为由解除劳动合同的,有权主张用人单位支付经济补偿金。

5. 杨某某与某物业管理公司劳动争议纠纷(重庆市高级人民法院发布第七批劳动争议十大典型案例之二)

2017年11月10日,杨某某与某物业管理公司签订《自愿放弃购买社会保险承诺书》,约定杨某某放弃参加社会保险,由此引起的一切法律责任由杨某某承担等内容。2019年7月1日,杨某某与某物业管理公司签订《保安员临时聘用协议》,约定劳动合同期限为2019年7月1日至2019年12月31日、劳动报酬为1800元/月等内容。2020年3月24日,杨某某以某物业管理公司未依法为其缴纳社会保险费为由解除劳动合同,并要求某物业管理公司支付经济补偿金。

法院认为,依法为劳动者缴纳社会保险费是用人单位的法定义务，用人单位以与劳动者订立了自愿放弃要求用人单位缴纳社会保险费的合同为由不履行该义务，不仅损害了劳动者利益，也损害了社会公共利益，用人单位与劳动者订立的该类合同无效。因此，杨某某以某物业管理公司未依法为其缴纳社会保险费为由解除劳动合同，并要求用人单位支付经济补偿金，予以支持。

综上所述，劳动者与用人单位签订的关于放弃要求用人单位为其缴纳社会保险费的合同无效。劳动者以用人单位未依法为其缴纳社会保险费为由解除劳动合同，并要求用人单位支付经济补偿金的，应予支持。

● **相关案例索引**

1. 孙某与某房地产开发公司劳动争议纠纷案 ［山东省青岛市中级人民法院（2014）青民再终字第66号］

建立劳动关系应当订立书面劳动合同。提供失业证并非法定的签订劳动合同必要条件。用人单位与劳动者建立劳动关系后，以劳动者不提供失业证为由拒绝与其签订书面劳动合同，实质上是不履行依法订立书面劳动合同的义务，违反了劳动合同法的相关规定，应当承担未签订劳动合同责任，向劳动者支付二倍工资的赔偿金。

2. 某油气工程技术服务公司与李某劳动争议纠纷案 ［甘肃省庆阳市中级人民法院（2014）庆中民终字第233号］

工伤保险由用人单位按时缴纳，职工个人不缴纳。一般情形下，缴纳了工伤保险的用人单位的职工发生工伤的，由社会保险部门根据《工伤保险条例》规定的工伤保险待遇项目和标准支付费用。应当参加工伤保险的用人单位若未给职工缴纳工伤保险，职工发生工伤，承担义务主体由社会保险部门变更为用人单位，用人单位应按照《工伤保险条例》规定的工伤保险待遇项目和标准支付费用。

● **相关规定**

《宪法》第 37 条、第 45 条;《劳动法》第 32 条;《劳动合同法实施条例》;《社会保险费征缴暂行条例》第 12 条、第 13 条;《违反〈劳动法〉有关劳动合同规定的赔偿办法》第 2 条

第三十九条　用人单位单方解除劳动合同

劳动者有下列情形之一的,用人单位可以解除劳动合同:
(一) 在试用期间被证明不符合录用条件的;
(二) 严重违反用人单位的规章制度的;
(三) 严重失职,营私舞弊,给用人单位造成重大损害的;
(四) 劳动者同时与其他用人单位建立劳动关系,对完成本单位的工作任务造成严重影响,或者经用人单位提出,拒不改正的;
(五) 因本法第二十六条第一款第一项规定的情形致使劳动合同无效的;
(六) 被依法追究刑事责任的。

● **典型案例**

1. **劳动者因失信被执行人身份无法完成工作,用人单位可以解除劳动合同** [江西省吉安市中级人民法院(2016)赣 08 民终 1103 号]

2015 年 3 月 29 日,原告袁某与被告某公司签订劳动合同。2016 年 1 月,某公司安排袁某出差却无法为其订购机票,经查询得知原告为失信被执行人。某公司遂于 2016 年 1 月 15 日依据《员工手册》第七章"严重违反规章制度行为"第 1 条、第 17 条"隐瞒或伪造履历者,致公司误信而受损者",向袁某发出《辞退信》,与其解除劳动

关系。2016年4月18日遂川县劳动人事争议仲裁委员会作出裁决。原告不服，向法院起诉。

法院认为，根据某公司《员工手册》第二章"录用程序"第5条"公司提倡正直诚实，员工需要确保提供的人事信息真实无误，公司保留审查员工所提供个人资料的权利，如发现员工提供虚假资料（学历、工作经历、薪酬待遇等）及隐瞒各类疾病、不良经历及道德品行的将视为严重违纪"之规定，袁某应当如实告知某公司其失信被执行人身份，以便公司进行相应的工作安排和管理。现袁某未履行诚信告知义务，导致出现了因其失信被执行人身份无法购买机票，而使公司为其安排的工作无法完成的情形，事实上已无法继续履行劳动合同，公司有权依据《员工手册》认定袁某严重违反其规章制度；而根据劳动合同法规定，劳动者严重违反用人单位的规章制度的，用人单位可以解除劳动合同。因此，某公司解除与袁某的劳动合同并无不当。

综上所述，劳动权是宪法赋予公民的基本权利，失信被执行人作为劳动者享有劳动权，用人单位不能仅因劳动者被列为失信被执行人而单方解除劳动合同。但劳动者不履行劳动合同所约定的诚信告知义务，导致用人单位为其安排的工作因其失信被执行人身份而无法完成，符合严重违反用人单位的规章制度之情形，用人单位可以依法解除劳动合同。

2. 劳动者严重失职造成用人单位重大损害，用人单位有权解除劳动关系（江苏省高级人民法院2019年度劳动争议十大典型案例之三）

2017年11月2日，当地纪委向某区管理委员会发出"关于解除王某劳动合同的建议"，以王某在担任某资产公司及其关联公司现金会计期间，明知财务支出审批手续不完备，仍在章某安排下多次将公款转出,造成3200余万元国有资产重大损失为由,建议解除与王某的劳动合同。王某对纪委查明的违纪问题不持异议。某资产公司以上述理由解除了与王某的劳动关系。王某申请劳动仲裁,请求裁令某资产公司支付违法解除劳动合同的赔偿金。仲裁裁决不予支持,王某诉至法院。

法院认为,王某作为财会人员,理应按相关财务制度从事工作,而其在章某未履行审批手续的情况下,仍遵照章某的指示继续转账,违反了财务制度,给用人单位造成巨大损失,构成严重失职。故某资产公司有权解除与王某的劳动关系。法院遂判决驳回王某的诉讼请求。

综上所述,即便用人单位没有详尽的财务管理制度,财务从业人员也应依照法律规定及行业规范勤勉履责。因劳动者严重失职,营私舞弊,给用人单位造成重大损害的,用人单位有权解除劳动关系。

3. 劳动者在应聘过程中应履行如实说明的义务(江苏省高级人民法院2019年度劳动争议十大典型案例之六)

2014年5月29日,顾某在某电子公司填写了《应聘登记表》,载明文化程度大专,毕业院校某科技学院,教育经历2007~2010年就读某科技学院,并提交了某科技学院毕业证书。顾某签字声明"以上资料均真实无误,如发现有隐瞒或提供了虚假信息,可立即证明本人不符合录用条件,并可以随时、无补偿地终止与本人的劳动关系"。2014年6月4日起,顾某与某电子公司签订了三期劳动合同。某电子公司的《员工手册》规定"入职时提供虚假个人资料、证件、证明材料者"可以予以除名。2018年某电子公司核查员工应聘信息时,发现顾某的毕业证书编号查询不到,该编号也不符合《高等教育学历证书电子注册管理暂行规定》对毕业证书编号的要求,且某科技学院不在教育部公布的具有普通高等学历教育招生资格的高等学校名单中。2018年5月25日，某电子公司向顾某出具解除劳动关系通知书，载明因顾某无法提供国家认可的毕业证书真实性的证明，根据《劳动合同法》第39条及某电子公司《员工手册》的相关规定，决定解除与顾某的劳动关系。顾某申请劳动仲裁，请求裁令某电子公司支付违法解除劳动合同赔偿金。劳动仲裁委不予支持，顾某诉至法院。

法院认为，顾某入职时隐瞒其真实的学习经历及获取毕业证书的方式，向某电子公司提供了虚假的毕业证书，有违诚信，某电子公司依据规章制度解除与顾某的劳动合同，并履行了通知工会的程序，解除合法，遂判决驳回顾某的诉讼请求。

综上所述，实践中，劳动者提供虚假学历或工作经历证书的情形时有发生。如果用人单位在招聘时对学历或资格证书、履历等作出明确要求，说明用人单位对劳动者与劳动合同直接相关的基本情况高度关注，劳动者作虚假陈述的，可以认定为欺诈。此时，并不因劳动者能胜任工作而否定用人单位的解除权，用人单位不受瑕疵意思表示之拘束的权利仍应得到保障。劳动者提供虚假学历构成欺诈的，用人单位可以依据《劳动合同法》第39条的规定解除劳动关系。本案旨在告诫劳动者应诚实守信，对用人单位而言，则应严格用人审查制度，如果工作岗位对学历有特殊要求的，应在招聘信息中予以详细注明，同时要完善劳动合同及规章制度，以免日后发生争议。

4. 席某与某数字信息技术公司劳动合同纠纷案（重庆市高级人民法院发布第六批劳动争议十大典型案例之二）

2018年3月15日，席某到某信息技术公司应聘时向该公司报送了其个人简历，该简历载明，席某的学历为某大学金融管理学EMBA，从2010年6月至今分别在不同的公司担任高管职位等。该简历所载学历和工作履历信息均存在虚假陈述。2018年5月28日，席某到某信息技术公司上班，担任该公司政企事业部总经理，双方未签订书面劳动合同。2018年12月4日，某信息技术公司通过微信辞退席某。2019年1月15日，席某经仲裁后提起诉讼，以某信息技术公司未与其签订书面劳动合同及违法解除劳动合同为由，要求该公司支付未签订书面劳动合同二倍工资差额及违法解除劳动合同赔偿金。

法院认为，劳动者在应聘时向用人单位提供的学历和工作履历是用人单位招工时重要的考量因素。本案中，席某向某信息技术公司提供的个人简历中载明的学历和工作履历均存在虚假陈述，席某的行为明显构成了欺诈。根据《劳动合同法》第26条第1款第1项之规定，双方之间的劳动合同无效。席某采用欺诈手段与某信息技术公司建立劳动合同关系违反诚实信用原则，席某的行为应当予以纠正，故某信息技术公司即使未与席某订立书面劳动合同，亦不应承担相应的责任。此外，根据《劳动合同法》第39条第1款第5项之规定，用人单位在劳动者采用欺诈手段订立劳动合同的情况下享有依法解除劳动合同的权利。因此，席某要求某信息技术公司支付未签订书面劳动合同二倍工资差额和违法解除劳动合同赔偿金的诉讼请求于法无据，不应予以支持。

综上所述，劳动者应聘时提交的个人简历载明的学历和工作履历等信息与实际不符的，应当认定为劳动者以欺诈手段使用人单位在违背真实意思的情况下订立劳动合同，劳动合同无效。用人单位解除劳动合同后，劳动者请求支付未签订书面劳动合同二倍工资差额、违法解除劳动合同赔偿金的，不予支持。

5. 农业银行与郭某劳动争议纠纷案（黑龙江省维护劳动者合法权益十大典型案例之三）

被告郭某自1999年3月至2006年7月被农业银行派到新疆某民

贸公司工作，协助该公司管理煤矿，农业银行保留了郭某的劳动关系，并正常为其发放工资和福利。2001年年末，农业银行单方面将郭某末位淘汰、下岗分流，停发其工资及福利待遇，亦未发放下岗生活费。2013年7月16日，郭某向劳动人事争议仲裁委员会申请仲裁，仲裁委员会裁决农业银行为郭某安排适当工作并补发工资。农业银行不服，提起诉讼要求确认双方已不存在劳动关系。

法院认为，农业银行单方面将郭某末位淘汰、下岗分流并停发其工资及福利待遇，此行为无合法根据，故对郭某不发生法律效力。但鉴于被告单位经营体制发生变化，双方的劳动合同现已经不能继续履行，故判决农业银行为郭某补缴自2002年1月起至2013年7月止单位应缴纳的养老保险费，并补发2002年1月至2013年7月的工资。

综上所述，企业为促进内部职工竞争，在考核中实行"末位淘汰"，是企业内部员工管理、提高工作效率的措施，本无可非议。但末位淘汰与解除劳动合同并不能画等号。解除劳动合同必须要依法进行，从《劳动合同法》第39条的规定来看，我国法律没有允许用人单位与劳动者在劳动合同中约定以"末位淘汰"为由解除劳动合同。可见，考核中的末位员工被"淘汰"是没有法律依据的。如果直接以"末位淘汰"为由解除劳动合同，不但解除劳动合同的做法无效，而且用人单位也要承担相应的法律责任。

6. 用人单位可以辞退严重失职的劳动者（江苏省高级人民法院公布2013年劳动争议十大典型案例之八）

张某于2003年9月1日进入某连锁超市从事人事工作。2010年4月起，担任东区人事副经理。2011年8月22日，被任命为东区人事总经理。2011年1月，时任东区人事副经理的张某与另外3名员工被上海总部派至南京处理南京门店关店事宜，并得到正式书面授权。

2011年7月,南京门店留用了已与其解除劳动关系的王某等六人,该六人中除一名中途离职,一名补签劳务协议外,其余四人均未与南京门店签订任何书面用工协议。2012年4月,南京门店口头通知该四人结束聘用关系,双方因工资待遇等问题发生分歧,四人申请劳动仲裁,仲裁过程中,张某作为超市的委托代理人与四人达成调解协议,分别向该四人各支付未签订书面劳动合同双倍工资、终止劳动关系经济补偿等18000元。2012年8月,上海总部针对南京门店违法用工导致赔偿的事情进行调查。10月23日,某连锁超市向张某发出解除劳动合同通知并告知工会。通知书载明解除原因为"严重违纪,违反公司的《纪律管理政策》"。该《纪律管理政策》经民主程序制订,其中载明"情节严重"包括"造成直接经济损失达到或超过3000元",对造成严重损失的处分是"解除劳动合同"。张某对《纪律管理政策》曾予以签收。张某诉至法院,请求判令某连锁超市支付违法解除劳动合同赔偿金。

法院认为,从一开始上海总部的授权,到留用"返聘人员",到对留用人员工资审核、协商确定用工协议版本,以及最后张某参与劳动仲裁的整个过程来看,张某对南京门店"返聘人员"负有人事管理工作之责是不争的事实,张某作为经理级管理人员,应当具有与其岗位、职务相称的勤勉、敬业精神,创造性地开展工作,规范管理公司人事工作,降低用工风险。早在2011年7月18日,上海总部法务就对张某询问留用人员协议版本进行了回复并提出建议,但张某一直未与四名留用人员签订书面用工协议,并任由违法状态继续发展,导致违法后果扩大。因此,张某应当对怠于履行职责导致该公司损失扩大的后果承担责任。法院遂判决对张某的诉讼请求不予以支持。

综上所述,劳动者因严重失职给用人单位造成重大损害的,用人单位可以按照《劳动合同法》第39条的规定或劳动合同约定，解除双方的劳动合同。

7. 劳动者工作过程中应忠诚、勤勉地履行职责（江苏省高级人民法院发布2016~2018年度劳动争议十大典型案例之二）

周某于2008年9月入职电子公司，劳动合同约定：周某为公司专业、技术或管理人员岗位工作，同意公司根据工作需要安排工作，且需保质保量完成生产、工作任务。周某工作岗位说明书载明其工作内容及职责主要包括：(1) 自动机设备点检；(2) 机器设备的维修；(3) 定期对设备进行保养；(4) 产线保养稽核；(5) 不定时对机器生产的产品抽检。2015年11月27日，电子公司安排周某协助李某、庄某等人安装自动流水线设备，周某以不具备该技能为由拒绝。该公司表示安装流水线为临时性工作且在正常工作时间进行，望周某予以配合，周某仍拒绝。当日，该公司以不服从工作安排为由，对周某作出记小过处罚。11月28日，该公司再次安排周某协助安装自动流水线设备，周某仍拒绝。同日，该公司再次对周某作出记小过处罚。12月1日，周某再次拒绝工作安排，该公司当日作出记大过处罚。12月2日，该公司就周某不服从工作安排找其谈话，希望周某端正工作态度，服从公司合理工作安排，不要继续消极怠工。后该公司经上报工会，于12月3日以周某严重违反公司规章制度、连续四天消极怠工为由向周某作出解除决定。周某申请劳动仲裁，请求裁令电子公司支付违法解除劳动合同赔偿金，仲裁委对其仲裁请求未予支持，周某遂诉至法院。

法院认为，周某的岗位职责虽然是维修、保养流水线，但安装属于其工作内容的合理延伸，周某也曾经协助安装过流水线；电子公司亦非要求周某一人安装设备，而是要求其协助他人共同完成，且安排在正常的工作时间，并未加重周某的工作负担。在周某连续怠工且多次受处罚的情况下，电子公司依据规章制度及法定程序解除双方劳动关系，符合劳动合同法的规定。法院遂判决驳回周某的诉讼请求。

综上所述，用人单位基于业务需要，临时性、短期性地指派劳动者至本单位其他部门支援工作，且工作内容不超出劳动者技能范围的，应认定用人单位工作安排合理，对合理的工作安排劳动者应予服从。

8. 劳动者在求职时假造简历，用人单位可以解除劳动合同（北京市高级人民法院劳动关系诚信建设十大典型案例之五）

罗某在简历中虚构学历与工作经历信息，借此通过某信息技术公司考核，于2016年11月入职该公司，试用期为6个月。罗某本人签署的录用条件确认书显示，不符合录用条件的情况包括：向公司提供的材料和信息内容有虚假或有隐瞒的（学历学位证书、工作经历、教育经历、体检证明材料等）。2017年3月，某信息技术公司以罗某不符合试用期录用情形为由与罗某解除劳动合同。罗某认为，其工作状态良好符合录用条件，某信息技术公司解除劳动合同的行为属于违法行为，遂申请劳动仲裁。

法院认为，由于罗某对求职过程中简历造假行为不能作出合理解释，经法院查明，罗某在入职时存在学历造假、编造工作经历的事实，因此，认定某信息技术公司与罗某解除劳动合同合法。

综上所述，劳动者凭借假学历、假工作经历与用人单位订立劳动合同，属于欺诈行为。用人单位与劳动者在建立劳动关系以及履行劳动合同期间均应遵守诚实信用原则。诚实守信作为劳动合同的基本原则，贯穿于劳动合同的建立时、履行中、甚至终止后。招聘和求职应聘是建立劳动关系的前提，不能以"骗"的方式蒙混过关，否则必将适得其反。对于劳动者而言，求职应聘过程中，应当保证简历信息真实，就学历和工作经历等招聘要求中着重强调的信息尤其值得注意，要纠正先夸大其词或者虚构事实入职，事后再弥补的侥幸心理。对于用人单位而言，在招聘过程中应当明确录用条件，就待遇、岗位要求要具体、明确，具有可操作性，当劳动者确实不符合录用条件时，才能够依法解除劳动合同。

9. 劳动者严重违反用人单位制度、损害用人单位利益，用人单位可以解除劳动合同（北京市高级人民法院劳动关系诚信建设十大典型案例之六）

顾某于2010年12月入职某软件公司，在劳动关系存续期间，顾某将其依据《员工购买优惠计划》享有的2014年及2015年购买指标分三次倒卖给某软件公司成都分公司的员工吴某，吴某又已转卖。顾某前两次每次倒卖3个CPU、第三次倒卖5个硬盘，共计倒卖11个产品、获利数千元，且在某软件公司与顾某面谈时，不配合调查、隐瞒事实。某软件公司的《员工购买优惠计划》规定，通过购买优惠计划购买的产品不得转卖或谋取私利，严禁员工参与转卖，不得请求、拉拢或诱使其他员工代购，所有违背这些条款与条件的可疑行为都将遭到调查，违反这些条款与条件将面临严重的处罚，甚至可能终止雇用合同。某软件公司认为，顾某的行为严重违反了公司的规章制度，即与其解除了劳动合同。顾某认可曾出于朋友间帮忙的目的向吴某提供账户及密码，让吴某使用其指标购买了CPU和硬盘，称事后吴某过意不去向其支付了好处费2000元或2500元，与吴某之间不存在对外转卖的共同故意。因此，顾某不认可公司与其解除劳动合同的决定，认为某软件公司系违法解除劳动合同，据此提出劳动仲裁申请。

法院认为，顾某的行为构成利用职务之便谋取私利、损害某软件公司利益，违反了双方签订的《劳动合同》及《员工购买优惠计划》，亦不符合某软件公司《行为准则》《员工手册》等制度的规定。对于顾某的此种行为《员工购买优惠计划》中明确规定某软件公司有权解除劳动合同，因此，未予支持顾某要求某软件公司支付违法解除劳动合同赔偿金的诉讼请求。

综上所述，劳动者应当遵守用人单位依法制定的规章制度，遵守劳动纪律和职业道德。用人单位和劳动者之间签订的《劳动合同》及相关协议、用人单位依法制定的《员工手册》《行为准则》，劳动者应予以遵守。劳动者作为用人单位的员工，在享受用人单位内部福利的同时，应当恪守诚信，遵守法律法规和用人单位的规章制度。

10. 劳动者虚构事假理由，用人单位解除劳动合同获支持（北京市高级人民法院劳动关系诚信建设十大典型案例之八）

刘某于2012年入职某信息科技公司。刘某怀孕，诊断预产期为2016年11月2日。2016年9月5日，刘某称需要照看孩子，向部门主管申请9月12日至14日休事假3天，未获得该公司直接领导批准即不到岗上班。刘某自2016年9月12日从北京出境，此后未再出勤。刘某于9月20日至22日期间又以"身体不适，无法每天在路上往返4个小时到公司上班，需请假在家安胎待产"为由申请事假，与其已出国多日的事实不符。刘某于2016年10月25日在美国加利福尼亚州某医院生育一子。由于刘某怀有身孕，妇幼保健院于2016年9月8日根据刘某的身体状况嘱托其于9月9日至22日全休两周，但刘某并未向该公司申请9月9日至18日休病假。之后，刘某未按该公司要求提供医院的诊断证明及休假证明，欲依据9月8日开具的病假条，申请9月23日至30日休病假，未获公司批准。某信息科技公司根据《规章制度》，以刘某自2016年9月12日起至2016年10月25日止累计旷工23天，属于严重违纪为由，于2016年10月26日向刘某送达解除劳动关系通知书。刘某以某信息科技公司违法解除劳动合同为由提起劳动仲裁并起诉至法院。

法院认为，刘某作为劳动者，旷工时间已十余日，严重违反公司劳动纪律，某信息科技公司解除劳动合同符合法律规定。

综上所述，信用是立身之本，劳动者编造请假事由的行为违背诚实信用原则。劳动者请假应当有明确、真实、合理的理由，切不可隐瞒实情、胡编乱造请假事由，并严格遵照用人单位的规章制度办理请假手续。劳动者未经用人单位同意擅自缺勤时间较长，即使怀有身孕也无法成为免责理由。女职工在孕期、产期、哺乳期严重违反用人单位规章制度的，用人单位可以依照法律和规章制度解除劳动合同。

11. 用人单位因职工严重违纪解除劳动合同不承担经济补偿金（福建省高级人民法院劳动争议纠纷典型案例之六）①

某建设工程公司承包施工某市轨道交通1号线土建01合同段，后将该合同段中的盾构工程分包给吴某某施工，吴某某招用何某某在工地作业，由吴某某支付工资。2015年12月7日，何某某在工作中受伤，即被送往医院救治，住院期间的医疗费用由吴某某支付。何某某以某建设工程公司为用工主体申请劳动仲裁，劳动仲裁机构不予受理。何某某起诉至法院，请求确认与该建设工程公司之间存在事实劳动关系。

法院认为，双方是否存在事实劳动关系，应按照原劳动和社会保障部《关于确立劳动关系有关事项的通知》规定进行审查认定，该通知第1条规定："用人单位招用劳动者未订立书面劳动合同，但同时具备下列情形的，劳动关系成立。（一）用人单位和劳动者符合法律、

---

① 载福建省高级人民法院网站，https：//www.fjcourt.gov.cn/Page/Court/News/ArticleTradition/07b9e93f-c545-4193-95e6-9e14ff2de2ae.html，2023年11月24日访问。

法规规定的主体资格；（二）用人单位依法制定的各项劳动规章制度适用于劳动者，劳动者受用人单位的劳动管理，从事用人单位安排的有报酬的劳动；（三）劳动者提供的劳动是用人单位业务的组成部分。"本案何某某受雇于涉案工程的承包人吴某某，由吴某某支付工资，受伤后亦是由吴某某支付医疗费用，没有接受某建设工程公司的劳动管理，与该公司之间不符合劳动关系的基本特征，不存在劳动关系。据此，判决驳回何某某的诉讼请求。

综上所述，本案系确认劳动关系纠纷，何某某与某建设工程公司未签订书面劳动合同，双方是否存在事实劳动关系，是案件审理的重点。人力资源和社会保障部《关于执行〈工伤保险条例〉若干问题的意见》第7条规定，具备用工主体资格的承包单位违反法律、法规规定，将承包业务转包、分包给不具备用工主体资格的组织或者自然人，该组织或自然人招用的劳动者从事承包业务时因工伤亡的，由该具备用工主体资格的承包单位承担用人单位依法应当承担的工伤保险责任。该规定表明，具备用工主体资格的承包单位虽应承担工伤保险责任，但并非劳动者的用人单位，与劳动者间不存在劳动关系。因此，劳动者请求确认与工伤保险责任主体间存在劳动关系的诉求不能成立。厘清特殊情况下，工伤保险的责任主体不等同于用人单位，有利于及时有效处理纠纷。

12. 员工严重违反公司规章制度，公司解除劳动合同无须赔偿经济补偿金（湖南省高级人民法院发布十个劳动争议典型案例之二)[①]

喻某是某公司的员工，自2011年3月10日进入公司后，先后从事了焊工、工作中心安全员等工作。2021年4月12日，公司审计监

[①] 载海南省高级人民法院网站，http：//hngy.hunancourt.gov.cn/article/detail/2023/05/id/7275300.shtml，2023年11月24日访问。

察部门发布一则通报，喻某因违规向多家物流商借款并收受红包，违反了公司《利益冲突与廉洁管理制度》，根据《问责管理制度》，公司决定对其开除并通报。根据喻某的微信交易明细显示，其在工作期间接受有业务往来供应商的转账25笔，金额共计20098.88元。喻某接受审计调查后，主动返还了13300元。2021年4月14日，公司向喻某出具《解除（终止）劳动合同证明书》，以喻某严重失职、营私舞弊为由，解除与喻某之间的劳动合同。后喻某要求公司支付违法解除劳动合同的经济赔偿金，并向劳动仲裁委申请劳动仲裁。劳动仲裁委作出裁决书，裁决驳回了喻某的全部仲裁请求。喻某不服劳动仲裁的结果，遂诉至人民法院。

法院认为，《劳动合同法》规定，劳动者严重违反用人单位的规章制度的，用人单位可以解除劳动合同。本案中，喻某未提供充分证据证明其与有业务往来的供应商的转账款项系民间借贷往来或借贷的合意，且在接受审计调查前无主动归还行为，因此方认定喻某严重违反公司规章制度，公司解除与其劳动关系系合法解除并无不当。喻某对员工手册的内容无异议，表明其对公司的规章制度已经知悉。因此，公司依据《劳动合同法》的规定单方面解除与喻某的劳动关系，且在解除劳动关系前通知了单位工会，事实清楚，程序合法，为合法解除。喻某要求公司支付经济赔偿金的诉讼请求，无事实和法律依据。人民法院遂驳回了喻某的全部诉讼请求。

综上所述，用人单位制定的廉洁管理制度有助于防止商业贿赂，营造法治化的营商环境。劳动者学习了用人单位的廉洁管理制度后，应当明确知晓，无论是在岗工作期间，还是日常生活之中，其都应当恪守诚信、廉洁自律，不能接受与用人单位之间有商业往来企业的红包、礼金、有价证券或作出其他有损公司廉洁形象、价值的行为。倘若劳动者只是将用人单位的廉洁管理制度装在"口袋里",放在员工手册之中,实施违反用人单位的廉洁管理制度的行为,用人单位可据此认定劳动者严重违反其规章制度,合法解除劳动关系。该案体现了司法对企业用工自主权的尊重和保障。

13. 劳动者主张医疗期须证明病情达到需要治疗休息的严重程度,并应遵守用人单位的请假制度(江苏省高级人民法院发布 2020 年度劳动人事争议十大典型案例之八)[①]

2014 年 12 月,曹某与某电机公司签订劳动合同。2018 年 9 月 11 日至 9 月 30 日,曹某分三次向该公司申请病假及事假,公司同意曹某的休假申请。假期到期后曹某未到岗上班。同年 10 月 17 日,该公司根据曹某劳动合同中约定的送达地址邮寄函件要求来司说明未上班的原因,该函件被退回。2019 年 1 月 4 日,该公司通过登报向曹某发出通知要求其来司办理相应手续,并于 1 月 8 日通过微信发送给曹某。曹某仍未上班,亦未办理相应请假手续。2019 年 1 月 18 日,该公司向曹某发出《关于与曹某解除劳动合同的证明》,载明曹某连续旷工属严重违纪,公司依据《劳动合同法》第 39 条第 2 项与其解除劳动合同,并依法通知了工会。曹某申请劳动仲裁,请求裁令该公司支付违法解除劳动合同赔偿金。仲裁委终结审理后,曹某诉至法院。审理中,曹某提供了某医院抑郁自评量表,该表载明参考诊断为有(轻度)抑郁症状,但未提供病假证明。

法院认为,曹某病假到期后,在未能及时履行请假手续的情况下无正当理由未出勤上班,该公司在多次催促通知无果后,以其旷工并严重违反公司规章制度为由解除劳动合同,具有事实依据。曹某主张

[①] 载江苏法院网,http://www.jsfy.gov.cn/article/91653.html,2023 年 11 月 24 日访问。

其符合医疗期相关规定,但未能提供有效证据证明其确需停止工作治病休息,且曹某未按照规定履行请假手续,对其要求适用医疗期相关规定的主张不予支持。法院判决驳回曹某的诉讼请求。

综上所述,劳动者在患病或者非因公负伤需要治疗时,应当根据病情状况履行请假手续。劳动者未履行请假手续,无正当理由拒绝上班,在用人单位催促及时返岗后亦不到岗说明情况,用人单位可以劳动者严重违反劳动纪律为由解除劳动合同。

14. 杨某某与某旅游公司劳动争议案(重庆市高级人民法院发布第七批劳动争议十大典型案例之四)

2004年3月3日,杨某某进入某旅游公司工作。2008年3月11日,杨某某与某旅游公司签订劳动合同,劳动合同期限为2008年3月11日至2009年12月31日。2008年3月,杨某某因犯盗窃罪被判处有期徒刑两年,缓期两年执行。缓刑期满后,杨某某的刑罚不再执行。2010年1月1日,杨某某与某旅游公司签订无固定期限劳动合同。2018年9月24日,某旅游公司通知杨某某停止工作,杨某某自2018年9月25日之后未再上班。2018年10月24日,某旅游公司向杨某某发出《某旅游公司关于与杨某某解除劳动合同的通知》,以杨某某被依法追究刑事责任为由,解除双方的劳动合同关系。2019年8月,杨某某经仲裁提起诉讼。

法院认为,《劳动合同法》第39条规定:"劳动者有下列情形之一的,用人单位可以解除劳动合同:……(六)被依法追究刑事责任的……"该条规定指劳动者存在被依法追究刑事责任的情形时,用人单位"可以解除"劳动合同,"可以解除"意味着可以不解除,而非"必须解除",也非"当然解除"。杨某某于2008年3月被追究刑事责任时正处于其与某旅游公司的固定期限劳动合同期间,某旅游公司在当时并未选择与杨某某解除劳动合同，且在该劳动合同期满后，还与杨某某签订了无固定期限劳动合同，应当视为某旅游公司对杨某某被追究刑事责任这一情形不予追究。多年后，某旅游公司以杨某某曾被追究刑事责任为由，与杨某某解除劳动合同，不符合法律规定。

综上所述，劳动者被依法追究刑事责任的，用人单位可以解除劳动合同，但用人单位应在合理期间内行使单方解除权。用人单位在劳动者被依法追究刑事责任的多年后，以劳动者曾在工作期间被追究过刑事责任为由，要求与劳动者解除劳动合同的，不属于《劳动合同法》第39条规定的用人单位可以解除劳动合同的情形。

15. 何某与某自来水公司劳动争议案（重庆市高级人民法院发布第八批劳动争议十大典型案例之九）

何某是某自来水公司的员工。2019年10月12日，何某在工作时间离开工作岗位与该公司其他工作人员因工作外原因发生纠纷，随后何某持螺丝刀将该工作人员头部刺伤。公安机关对此作出行政处罚，认定何某的上述行为构成故意伤害。2020年3月20日，某自来水公司经工会同意，以何某严重违反劳动纪律为由，与何某解除劳动合同关系。何某经仲裁后提起诉讼，以其行为与该公司的生产经营活动、劳动纪律无关为由，要求该公司承担违法解除劳动合同的法律责任。

法院认为，劳动纪律是指劳动者在劳动中应当遵守的规则和秩序，其目的是维护用人单位生产经营或其他活动。即使用人单位的规章制度没有作出明确规定，但是在上班时间、工作区域不得打架斗殴应是劳动者应当遵守的基本劳动纪律和职业道德。本案中，何某的行为严重违反劳动纪律，且与社会主义核心价值观相违背，必然会影响某自来水公司的正常工作秩序。某自来水公司据此解除与何某劳动合同，不属于违法解除劳动合同的情形。（本案例由江津区法院编写）

综上所述，劳动者在工作时间、工作场所故意伤害同事，其行为不具有正当性且对用人单位的生产经营秩序造成严重影响，属于严重违反劳动纪律的行为。用人单位据此解除劳动关系的，不属于违法解除劳动合同的情形。

16. 孙某某诉西区公司劳动合同纠纷案（最高人民法院指导案例180号）

2016年7月1日，孙某某与西区公司签订劳动合同，约定：劳动合同期限为自2016年7月1日至2019年6月30日止；从事邮件收派与司机岗位工作；甲方依法制定并通过公示的各项规章制度，如《员工手册》《奖励与处罚管理规定》《员工考勤管理规定》等文件作为本合同的附件，与本合同具有同等效力。2017年9月12日、10月3日、10月16日，孙某某先后存在工作时间未穿工作服、代他人刷考勤卡、在单位公共平台留言辱骂公司主管等违纪行为。事后，西区公司依据《奖励与处罚管理规定》，由负责人共同签署确认，对孙某某上述违纪行为分别给予扣分处罚，但具体扣分处罚时间难以认定。2017年10月17日，孙某某被所在单位用人部门以未及时上交履职期间的营业款项为由安排停工。次日，孙某某至所在单位刷卡考勤，显示刷卡信息无法录入。10月25日，西区公司出具离职证明，载明孙某某自2017年10月21日从西区公司正式离职，已办理完毕手续，即日起与公司无任何劳动关系。10月30日，西区公司又出具解除劳动合同通知书，载明孙某某在未履行请假手续也未经任何领导批准情况下，自2017年10月20日起无故旷工3天以上，依据国家的相关法律法规及单位规章制度，经单位研究决定自2017年10月20日起与孙某某解除劳动关系，限于2017年11月15日前办理相关手续，逾期未办理，后果自负。之后，孙某某向劳动人事争议仲裁委员会申请仲裁，仲裁裁决后孙某某不服，遂诉至法院。

法院认为，本案中，劳动合同附件《奖励与处罚管理规定》作为用人单位的管理规章制度，不违反法律、行政法规的强制性规定，合法有效，对双方当事人均具有约束力。根据《奖励与处罚管理规定》，员工连续旷工3天（含）以上的，该公司有权对其处以第五类处罚责任，即解除合同、永不录用。西区公司向孙某某送达的解除劳动合同通知书明确载明解除劳动合同的事由为孙某某无故旷工达3天以上，孙某某诉请法院审查的内容也是西区公司以其无故旷工达3天以上而解除劳动合同行为的合法性，故法院对西区公司解除劳动合同的合法性审查也应以解除劳动合同通知书载明的内容为限，而不能超越该诉争范围。虽然，西区公司在庭审中另提出孙某某在工作期间存在不及时上交营业款项、未穿工服、代他人刷考勤卡、在单位公共平台留言辱骂公司主管等其他违纪行为，也是严重违反用人单位的规章制度，公司仍有权解除劳动合同，但是，根据在案证据及西区公司的陈述，西区公司在已知孙某某存在上述行为的情况下，没有提出解除劳动合同，而是主动提出重新安排孙某某从事其他工作，在向孙某某出具解除劳动合同通知书时也没有将上述行为作为解除劳动合同的理由。西区公司以孙某某旷工违反公司规章制度为由解除劳动合同，缺少事实依据，属于违法解除劳动合同。

综上所述，人民法院在判断用人单位单方解除劳动合同行为的合法性时，应当以用人单位向劳动者发出的解除通知的内容为认定依据。在案件审理过程中，用人单位超出解除劳动合同通知中载明的依据及事由，另行提出劳动者在履行劳动合同期间存在其他严重违反用人单位规章制度的情形，并据此主张符合解除劳动合同条件的，人民法院不予支持。

17. 郑某诉自动化公司劳动合同纠纷案（最高人民法院指导案例181号）

郑某于2012年7月入职自动化公司，担任渠道销售经理。自动化公司建立有工作场所性骚扰防范培训机制，郑某接受过相关培训。2018年11月，郑某以任某不合群等为由向自动化公司人事部提出与任某解除劳动合同。任某告知人事部其被间接上级邓某性骚扰，郑某有意无意撮合其和邓某，其因拒绝性骚扰行为而受到打击报复。自动化公司为此展开调查。2019年1月15日，自动化公司对郑某进行调查，并制作了调查笔录。郑某未在调查笔录上签字，但对笔录记载的其对公司询问所做答复做了诸多修改。对于调查笔录中有无女员工向郑某反映邓某跟其说过一些不合适的话、对其进行性骚扰的提问所记录的"没有"的答复，郑某未作修改。2019年1月31日，自动化公司出具《单方面解除函》，以郑某未尽经理职责，在下属反映遭受间接上级性骚扰后没有采取任何措施帮助下属不再继续遭受性骚扰，反而对下属进行打击报复，在调查过程中就上述事实做虚假陈述为由，与郑某解除劳动合同。2019年7月22日，郑某向劳动争议仲裁委员会申请仲裁，未得到仲裁裁决支持。郑某不服，诉至法院。

法院认为，在案证据显示自动化公司建立有工作场所性骚扰防范培训机制，郑某亦接受过相关培训。郑某在相关女职工反复强调间接上级一直对她进行性骚扰时，未见郑某积极应对帮助解决，所为皆为积极促成自己的下级与上级发展不正当关系。郑某的行为显然有悖其作为自动化公司部门主管应尽之职责，其相关答复内容亦有违公序良俗。在任某明确表示对邓某性骚扰的抗拒后，郑某于2018年11月中旬向人事经理提出任某性格不合群，希望公司能解除与任某的劳动合同，据此，自动化公司主张郑某对相关女职工进行打击报复，亦属合理推断。故自动化公司主张郑某存在严重违纪行为，依据充分，不构成违法解除劳动合同。

综上所述，用人单位的管理人员对被性骚扰员工的投诉，应采取合理措施进行处置。管理人员未采取合理措施或者存在纵容性骚扰行为、干扰对性骚扰行为调查等情形，用人单位以管理人员未尽岗位职责，严重违反规章制度为由解除劳动合同，管理人员主张解除劳动合同违法的，人民法院不予支持。

● *相关规定*

《劳动法》第21条、第25条；《劳动部关于贯彻执行〈中华人民共和国劳动法〉若干问题的意见》第29条

第四十条　无过失性辞退

有下列情形之一的，用人单位提前三十日以书面形式通知劳动者本人或者额外支付劳动者一个月工资后，可以解除劳动合同：

（一）劳动者患病或者非因工负伤，在规定的医疗期满后不能从事原工作，也不能从事由用人单位另行安排的工作的；

（二）劳动者不能胜任工作，经过培训或者调整工作岗位，仍不能胜任工作的；

（三）劳动合同订立时所依据的客观情况发生重大变化，致使劳动合同无法履行，经用人单位与劳动者协商，未能就变更劳动合同内容达成协议的。

● *条文注释*

本条第3项规定是情势变更原则在劳动合同中的体现。这里的"客观情况"是指履行原劳动合同所必要的客观条件，因不可抗力或出现致使劳动合同全部或部分条款无法履行的其他情况，如自然条件、企业迁移、被兼并、企业资产转移等，使原劳动合同不能履行或不必要履行的情况。

● *实用问答*

问：用人单位单方调整工作岗位，劳动者不服，导致解除劳动合同的，应如何处理？

答：用人单位调整劳动者工作岗位，牵涉用人单位用工自主权及劳动权益的平衡。同时符合以下情形的，视为用人单位合法行使用工自主权，劳动者以用人单位擅自调整其工作岗位为由要求解除劳动合同并请求用人单位支付经济补偿的，不予支持：(1) 符合劳动合同的约定或者用人单位规章制度的规定。(2) 符合用人单位生产经营的客观需要。(3) 调整后的工作岗位的待遇水平与原岗位基本相当，但根据《劳动合同法》第40条第1项和第2项规定，因劳动者患病或者非因工负伤，在规定的医疗期满后不能从事原工作而被调整岗位，或者因劳动者不能胜任工作而调整岗位的除外。(4) 调整工作岗位不具有歧视性、侮辱性。(5) 不违反法律法规的规定。用人单位主张调整劳动者工作岗位合法，应承担举证证明责任。用人单位调整劳动者的工作岗位且不具有上述规定的情形，劳动者超过一个月未明确提出异议，后又以《劳动合同法》第38条第1款第1项规定要求解除劳动合同并请求用人单位支付经济补偿的，不予支持。

劳动者既未到新的工作岗位报到也未到原岗位出勤的，按照用人单位规章制度规定确属严重违纪的，用人单位主张解除劳动合同的，应予支持。

● *典型案例*

1. 用人单位不得设置制度障碍拒绝员工休病假［天津市第一中级人民法院（2016）津01民终5085号］

被告李某于2009年7月1日入职原告某公司。2014年12月22日，李某在天津市第一中心医院因病就诊，该医院为其开具《诊断证明书》，建议李某从2014年12月22日至24日休息3天。某公司认为，自2014年12月22日起至24日止，李某未按照公司规定办理请假手续，连续旷工3天，严重违反了《考勤管理制度》的规定。2014年12月30日，某公司向李某发出解除劳动合同通知书，解除双方的劳动关系。后某公司诉至法院，请求确认合法解除劳动合同。

法院认为，某公司要求员工请病假需要提交书面申请，经人事主管签字批准后方可休假。但病假一般是突发情况，劳动者很难预估，并且病情发生后需要及时到医院治疗，单位此时要求劳动者履行如此烦琐的请假程序是不合理的。单位对劳动者享有人事管理权。在劳动者休病假的问题上，单位可以采取事后核查、假后审批的制度，对劳动者休病假的真实性进行复核，但不得用复杂的请假程序或者领导不审批为由，阻碍劳动者休病假。李某通过发微信、打电话等方式已经通知了某公司自己生病需要休假，其已经履行了向单位请假的义务，被告的病休权应当得到保护。现某公司以被告没有履行请假手续认定其旷工，并以此解除劳动合同，缺乏事实依据和法律依据。

综上所述，休息权是劳动者的基本权利之一，病假是劳动者最基本的休息权，直接关系到劳动者的健康与生命安全。只要劳动者确有患病需停工治疗休养的事实，其病休权就应当受到保护。

2. 已形成无固定期限劳动合同关系后签订书面固定期限劳动合同的性质 [北京市第三中级人民法院（2016）京03民终10611号]

2009年7月1日，原告孙某入职被告某公司处工作。2016年4月25日，双方签订书面劳动合同。2016年12月2日，某公司向孙某送达了劳动合同不续签通知书。2016年12月20日，某公司与孙某双方的劳动合同到期终止。故孙某向法院起诉，请求：某公司支付孙某违法终止劳动合同赔偿金。

法院认为，2016年4月25日某公司与孙某签订的固定期限劳动合同，变更了双方已形成的无固定期限劳动合同的性质。某公司在未征得孙某意见的前提下单方面于2016年12月2日向孙某送达劳动合同不续签通知书，构成违法终止劳动合同。

综上所述，用人单位自用工之日起满一年不与劳动者订立书面劳动合同而依法视为双方形成无固定期限劳动合同关系后，双方又签订的书面固定期限劳动合同，到期后劳动者仍有权选择签订固定期限或无固定期限劳动合同。

3. 吴某与搏峰公司劳动合同纠纷案（《最高人民法院公报》2020年第九期）

2013年9月23日，原告吴某入职被告搏峰公司从事生产工作。2019年3月，搏峰公司因经营需要决定由原办公地整体搬迁。吴某以距离太远为由拒绝到新厂址上班。2019年3月9日，搏峰公司组织人员拆除生产线时，员工大面积停工，自此每日到原厂址打卡后，不再提供劳动。2019年3月11日，搏峰公司发布《关于厂区搬迁的通知》，声明自2019年4月1日起，厂区将整体搬迁，全程骑行约20分钟，均在地铁沿线，有公交可乘，生产车间提供中央空调，食宿更加便利，给予每人500元搬迁奖励，交通补贴在每月100元基础上增加

50元，要求该员工通过合理渠道沟通，必须于2019年3月12日回岗正常劳动。该员工拒绝返岗。2019年3月13日，搏峰公司再次发布公告，重申员工的岗位、工作内容和福利待遇不变，增发50元交通补助。该员工仍然拒绝返岗。2019年3月15日，搏峰公司向吴某发出《督促回岗通知》，告知吴某其行为已严重违反规章制度，扰乱破坏了生产秩序，要求吴某于2019年3月18日到生产主管处报到，逾期未报到将解除劳动合同。吴某未按要求报到。2019年3月18日，搏峰公司在通知工会后，以严重违反规章制度为由决定与吴某解除劳动合同。2019年3月25日，吴某向劳动人事争议仲裁委员会申诉。2019年5月6日，仲裁委员会作出裁决，驳回了吴某的仲裁请求。吴某不服裁决，提起诉讼。

  法院认为，搏峰公司拟将厂区整体迁移，是基于生产运作情况作出的经营决策，不改变劳动者的岗位和待遇，并非滥用用工权利刻意为难劳动者的行为。厂区迁移后，确实可能对劳动者产生一定的通勤压力，但搬迁距离并不遥远，也在公共交通、共享单车可达之处，新厂址本身具备较好的通行条件，搏峰公司也承诺增发交通补助，总体而言，迁移对劳动者的影响是有限的，不构成双方继续履行劳动合同的根本障碍。同时，争议发生后，双方均应当采取正当手段维护自身权利。吴某不愿意调整工作地点，可以提出相关诉求，但其自身仍然负有继续遵守规章制度、履行劳动合同的义务。吴某在搏峰公司的再三催告下，仍然拒绝返回原岗位工作，已经构成旷工，违反了基本的劳动纪律，并且达到员工手册中规定的可被解除劳动合同的严重程度，故搏峰公司在通知工会后作出的解除劳动合同决定，并无违法之处，故对吴某要求搏峰公司支付违法解除劳动合同赔偿金的请求不予支持。

综上所述，因用人单位整体搬迁导致劳动者工作地点变更、通勤时间延长的，是否属于《劳动合同法》第40条第3项规定的"劳动合同订立时所依据的客观情况发生重大变化，致使劳动合同无法履行"的情形，需要考量搬迁距离远近、通勤便利程度，结合用人单位是否提供交通工具、是否调整出勤时间、是否增加交通补贴等因素，综合评判工作地点的变更是否给劳动者的工作和生活带来严重不便并足以影响劳动合同的履行。如果用人单位已经采取适当措施降低了搬迁对劳动者的不利影响，搬迁行为不足以导致劳动合同无法履行的，劳动者不得以此为由拒绝提供劳动。

4. 因对劳动合同变更不能达成一致意见而导致劳动关系解除的，用人单位应支付经济补偿金（江苏省高级人民法院公布2013年劳动争议十大典型案例之二）

周某于2007年12月4日进入某配件公司工作，2011年1月1日起签订无固定期劳动合同。2012年7月，该公司为响应市政府"退二进三"号召开始陆续整体搬迁，员工亦将全部安置到新厂区上班。该公司就搬迁事宜征求员工意见后，周某等员工表示不同意至新厂址上班。7月26日，该公司向周某等员工发出《报到上班通知》，通知8月3日前至公司报到，否则按旷工处理。周某等员工回函表示该公司迁厂属于《劳动合同法》规定的客观情况发生重大变化，公司可以解除劳动合同，但应支付经济补偿金，故其于8月3日不到公司上班不属于无故旷工，公司无权按员工手册处理。8月15日，该公司对周某等员工作出按旷工处理的决定。8月18日，该公司报工会同意后作出解除劳动关系决定。8月21日，公司将两份决定向周某等员工邮寄送达。周某诉至法院，请求判令该公司撤销辞退决定，并支付违法解除劳动合同赔偿金等。

法院认为，某配件公司整体搬迁，客观上造成周某等员工在途时间延长、上班不方便等情况，与劳动合同订立时所依据的客观情况发生了重大变化，周某等员工亦书面明确表示不愿意至新厂区工作并要求公司支付经济补偿金，此后，双方未能就变更劳动合同内容达成协议，在此情况下，公司可以通知劳动者解除劳动关系，但应依法按周某的工作年限支付经济补偿金。

综上所述，企业应政府产业结构调整的要求实行整体搬迁，客观上造成了劳动者在途时间延长、上班不方便，与劳动合同订立时所依据的客观情况发生了重大变化，企业与劳动者就变更劳动合同内容不能达成协议从而解除劳动合同的，应支付经济补偿金。

5. 魏某与某电子公司劳动合同纠纷案 [江苏省苏州市中级人民法院（2016）苏05民终3275号]

魏某于2004年8月入职某电子公司，双方签订的最近一期劳动合同期限自2011年9月19日起至2016年9月18日止，从事操作工工作，约定工作地点为某电子公司。2015年3月16日，某电子公司发出《搬厂通知书》，载明"自2015年3月16日起，所有员工请按照公司生产安排以及排班的班次，在相城区新厂上班"。2015年4月1日，某电子公司向魏某发出解除劳动合同通知书，该违纪解除事宜经魏某所在部门、人力资源部、工会审议，均同意某电子公司解除与魏某的劳动合同。魏某于劳动争议发生后法定期限内申诉至仲裁委员会。仲裁委员会于2015年6月16日裁决不予支持魏某的仲裁请求。魏某对仲裁裁决不服，遂于法定期限内诉至法院。

法院认为，魏某进入某电子公司工作，双方建立了劳动关系，魏某与某电子公司均应依法履行各自义务。本案中，双方就解除劳动合同是否合法存在争议，某电子公司作为解除劳动合同的用人单位应承担相应的举证责任。就解除依据的事实而言，魏某等人在某电子公司门口聚集，已严重影响公司的生产秩序且经劝阻并未及时离开的情况属实。某电子公司已将搬迁事实及班车路线告知魏某，魏某经通知后仍未履行劳动合同规定的义务，构成连续旷工。前述行为按《员工手册》的规定可认定为严重违纪，符合用人单位可以解除劳动合同的条件。魏某辩称系因某电子公司搬迁未按劳动合同约定提供劳动条件，故而拒绝上班并非旷工。从某电子公司的搬迁情况来看，某电子公司厂址虽由苏州工业园区搬迁至相城区，但并未变更劳动者的工作内容等其他劳动条件；某电子公司提供的工会出具的情况说明及搬厂通知书中均提及沟通事宜，足以证实某电子公司已就搬迁事项与员工沟通；且某电子公司搬迁后依据员工意见，增加班车路线、站点、增加新老厂区间车，为哺乳期职工提供地铁区间车、提高交通补贴、调整上下班时间，表明某电子公司已为劳动者提供相应的劳动条件，并增加福利以降低搬迁对员工的影响。因此，双方并不存在劳动合同订立时所依据的客观情况发生重大变化而导致劳动合同无法履行的情况。魏某在明知《员工手册》规定的情况下，未经许可集会、聚众闹事影响工作秩序、不服从工作安排、无故旷工已构成严重违纪，具备某电子公司可以解除劳动合同的条件。故魏某要求支付违法解除劳动合同赔偿金的请求，无事实和法律依据。

综上所述，企业整体搬迁导致劳动者上下班路途时间延长、生活不便的，是否属于《劳动合同法》第40条第3项规定的"劳动合同订立时所依据的客观情况发生重大变化，致使劳动合同无法履行"的情形，应当结合企业搬迁的距离、企业搬迁有无提供班车或交通补贴等便利措施、企业有无调整上下班时间等因素综合判定。如企业已经实际采取为劳动者提供班车、提高交通补贴、调整上下班时间等举措以降低搬迁对劳动者的影响，该搬迁行为并不足以导致劳动合同无法履行的，劳动者不得以此为由拒绝提供劳动。

6. 李某某与国网某公司劳动合同纠纷案（重庆市高级人民法院发布第七批劳动争议十大典型案例之十）

1986年1月，李某某入职国网某公司从事锅炉工工作。2008年11月25日，李某某与国网某公司签订协议保留劳动关系，办理停薪留职手续。2017年，国网某公司通知李某某按国家电网相关文件规定对其予以转岗培训。李某某在2017年11月8日的《关于"停薪留职"人员立即返回公司的通知》上签名并签署同意参加培训的意见。2018年4月17日的《停薪离职返岗人员培训班（第二期）培训情况表》记载"李某某补考3次不合格退学"。2018年5月18日，国网某公司以李某某转岗培训不合格不能胜任工作为由向李某某发出《解除劳动合同通知书》。李某某经仲裁提起诉讼，要求确认国网某公司发出的《解除劳动合同通知书》无效，并判令国网某公司继续保留与李某某的劳动关系。

法院认为，《劳动合同法》第40条规定："有下列情形之一的，用人单位提前三十日以书面形式通知劳动者本人或者额外支付劳动者一个月工资后，可以解除劳动合同……（二）劳动者不能胜任工作，经过培训或者调整工作岗位，仍不能胜任工作的……"李某某因停薪留职而脱离工作一线长达十余年，因客观形势变化，锅炉工岗位早已不存在，国网某公司组织李某某参加返岗培训，确有必要性、合理性。李某某在返岗培训后，经过多次考试仍不合格，不能胜任当前工作要求。前述法律规定中的"经过培训"或者"调整工作岗位"是可选择性的条件，本案即属于"经过培训"仍不能胜任工作的情形。因此，国网某公司在履行法定程序后，解除与李某某的劳动合同不属于违法解除劳动合同的情形。

综上所述,劳动者不能胜任工作,经过培训或者调整工作岗位,仍不能胜任工作的,用人单位可以根据《劳动合同法》第 40 条的规定,单方解除劳动合同。此处,"经过培训"或者"调整工作岗位"属于可选择性条件,对于经培训不合格的劳动者,用人单位可单方解除劳动合同,无须再经过对劳动者进行工作岗位调整的程序。

● *相关案例索引*

刘某与某公司劳动合同纠纷案 [上海市第二中级人民法院(2015)沪二中民三(民)终字第 615 号]

公司因业务调整撤销原岗位,且在不改变劳动者工资福利的情况下将其安排至关联公司的相同岗位,在双方无法就劳动合同变更达成一致的情况下,公司单方解除劳动合同并支付经济补偿金,属于劳动合同法规定的"无过失性辞退"情形中"以客观情况发生重大变化"为由解除劳动合同,无须支付违法解除劳动合同赔偿金。

● *相关规定*

《企业职工患病或非因工负伤医疗期规定》第 2 条

第四十一条　经济性裁员

有下列情形之一,需要裁减人员二十人以上或者裁减不足二十人但占企业职工总数百分之十以上的,用人单位提前三十日向工会或者全体职工说明情况,听取工会或者职工的意见后,裁减人员方案经向劳动行政部门报告,可以裁减人员:

(一)依照企业破产法规定进行重整的;

(二)生产经营发生严重困难的;

(三)企业转产、重大技术革新或者经营方式调整,经变更劳动合同后,仍需裁减人员的;

(四)其他因劳动合同订立时所依据的客观经济情况发生重大变化,致使劳动合同无法履行的。

裁减人员时,应当优先留用下列人员:

(一)与本单位订立较长期限的固定期限劳动合同的;

(二)与本单位订立无固定期限劳动合同的;

(三)家庭无其他就业人员,有需要扶养的老人或者未成年人的。

用人单位依照本条第一款规定裁减人员,在六个月内重新招用人员的,应当通知被裁减的人员,并在同等条件下优先招用被裁减的人员。

● **条文注释**

经济性裁员是指企业由于经营不善等经济性原因,解雇多个劳动者的情形。经济性裁员属于用人单位解除劳动合同的一种情形。经济性裁员只发生在企业中。进行经济性裁员的主要原因是经济性原因,这些经济性原因大致可以分为三大类:一是企业因为经营发生严重困难或者依照破产法规定进行重整的;二是企业为了寻求生存和更大发展,进行转产、重大技术革新,经营方式调整的;三是兜底条款,即其他因劳动合同订立时所依据的客观经济情况发生重大变化,致使劳动合同无法履行的。

● **相关规定**

《宪法》第11条、第16条、第17条;《劳动法》第27条;《企业破产法》第2条、第70条

第四十二条 用人单位不得解除劳动合同的情形

劳动者有下列情形之一的,用人单位不得依照本法第四十条、第四十一条的规定解除劳动合同:

(一)从事接触职业病危害作业的劳动者未进行离岗前职业健康检查,或者疑似职业病病人在诊断或者医学观察期间的;

(二)在本单位患职业病或者因工负伤并被确认丧失或者部分丧失劳动能力的;

(三)患病或者非因工负伤,在规定的医疗期内的;

(四)女职工在孕期、产期、哺乳期的;

(五)在本单位连续工作满十五年,且距法定退休年龄不足五年的;

(六)法律、行政法规规定的其他情形。

● *典型案例*

1. **某公司与吴某劳动合同纠纷案**(天津市高级人民法院发布八个维护妇女合法权益典型案例之七)[①]

被告吴某于2004年7月入职原告某公司工作,2014年5月双方签订无固定期限劳动合同。2017年8月被告怀孕,同年9月因怀孕休病假。2018年5月被告生育,2018年10月休产假结束,2018年11月原告以企业经营模式改变为由安排被告待岗,2019年3月26日原告口头与被告协商解除劳动合同,解除理由为无法给被告安排工作岗位,但被告不同意解除。2019年4月4日,原告通过快递方式向被告邮寄了解除劳动合同通知,理由为《劳动合同法》第40条规定,劳动合同订立时

---

① 载天津法院网,https://tjfy.tjcourt.gov.cn/article/detail/2021/03/id/5853293.shtml,2023年11月24日访问。

所依据的客观情况发生重大变化致使劳动合同无法履行。被告未收到该快递。后原告通知被告办理解除劳动合同手续，被告不认可该解除理由，遂申请劳动仲裁，要求恢复劳动关系，仲裁机构裁决恢复劳动关系，继续履行劳动合同。原告不服仲裁裁决，向法院提起诉讼。

法院认为，依据《劳动合同法》第42条第4项规定，本案中，被告尚在哺乳期内，原告不得依据《劳动合同法》第40条规定与被告解除劳动合同。此外，原告只是在庭审中口头陈述其经营模式由直营店改为加盟店，且加盟后并不必然导致原告不能安排原来的员工就业，此外，原告也未提交证据证明其存在破产、清算等不能继续经营的情形。据此，现有证据不能证明原告不具备与被告继续履行劳动合同的条件，原告的诉讼请求不符合法律规定。故判决驳回原告的全部诉讼请求，原告与被告恢复劳动关系，继续履行劳动合同。

综上所述，近年来，随着社会主义市场经济体制不断完善，各类市场主体迅猛发展，企业女性从业人员比例不断增长，但个别企业任意扩大用人自主权，针对女职工提出苛刻的歧视性要求，为妇女平等就业设置障碍。《劳动合同法》第42条第4项规定保障了女职工的合法权益，用人单位应增强法律意识，遵守法律法规，健全企业内部管理制度，规范用工行为。

2. 患有特殊疾病的劳动者医疗期受法律特别保护（江苏省高级人民法院发布2016~2018年度劳动争议十大典型案例之十）

2013年5月，李某入职淮安快递公司从事操作工。2015年12月1日，双方续签劳动合同，约定合同期限为一年，月基本工资为1270元，其他津贴、加班工资、绩效奖金等根据公司制度以及李某的岗位、实际加班时间、业绩考核进行计算。《劳动合同》第13条还约定，劳动者因工负伤、职业病，或非因工负伤、患病，其病假工资、疾病救济费和医疗待遇等按照国家和当地政府以及用人单位的有关规定执行。2016年5月1日，李某因被诊断为食道癌住院治疗，同月23日出院。出院医嘱载明，出院后转当地医院康复治疗，出院后一个月来复查，建议放化疗。出院后，李某未到快递公司继续上班。快递公司发放了李某5、6月的工资每月650元。淮安市淮安区2016年度的最低月工资为1400元。李某要求快递公司补足2016年5~6月病假期间的工资及2016年7月至2017年5月病假期间的工资，因与快递公司协商未果，遂于2016年8月29日申请仲裁。仲裁委因送达未果决定终结审理后，李某诉至法院。

法院认为，李某患有食道癌，其所患该疾病属于特殊疾病，按照李某工作年限计算的医疗期为三个月，但根据李某举证的治疗情况，三个月内其无法痊愈，需做长期治疗。李某根据自身治疗情况，向快递公司主张十三个月的医疗期，不超过法律规定的期限。法院遂判决支持了李某关于医疗期的主张。

综上所述，患有特殊疾病（癌症、精神病、瘫痪等）的职工，在规定医疗期内不能痊愈的，用人单位应适当延长其医疗期。

3. 女职工的延长产假权益依法受保护（江苏省高级人民法院发布2021年度劳动人事争议十大典型案例之三）

2020年2月，某机械公司女职工缪某因生育向公司申请98天的产假，机械公司同意。之后，缪某又依据江苏省有关延长产假的规定向该机械公司申请30天的延长产假，机械公司未同意。2020年6月5日，该机械公司通知缪某返岗。因缪某未返岗，该机械公司于2020年6月15日以旷工违纪为由决定与其解除劳动合同。缪某申请劳动仲裁，要求某机械公司支付违法解除劳动合同的赔偿金。仲裁裁决后，某机械公司不服，诉至法院。

法院认为，根据《江苏省人口与计划生育条例》的规定，缪某应享受128天产假，某机械公司通知缪某返岗和解除劳动关系时，缪某仍处于法定延长产假期内。该机械公司以缪某旷工为由解除劳动合同违反法律规定，故判决机械公司支付缪某违法解除劳动合同的赔偿金。

综上所述，符合《江苏省人口与计划生育条例》规定生育子女的女职工在享受国家规定产假的基础上，还享受该条例规定的延长产假。在延长产假期间，用人单位应当视同女职工提供了正常劳动。用人单位以女职工在延长产假期间旷工为由解除劳动关系，女职工主张用人单位支付违法解除劳动合同赔偿金的，人民法院应予支持。

4. 张某某诉敬豪公司等劳动合同纠纷案（《最高人民法院公报》2017年第5期）

2010年1月，张某某与敬豪公司建立劳动关系后被派遣至中海公司担任电焊工，双方签订最后一期的劳动合同的期限为2010年1月1日至2014年6月30日。2014年1月13日，敬豪公司（甲方）与原告（乙方）签订协商解除劳动合同协议书。2014年4月，张某某经上海市某医院诊断为电焊工尘肺壹期。2014年12月10日，原告经市劳动能力鉴定委员会鉴定为职业病致残程度柒级。2014年11月27日，原告向劳动人事争议仲裁委员会申请仲裁。原告不服仲裁裁决，诉至法院。

法院认为，根据《劳动合同法》第42条第1项的规定，从事接触职业病危害作业的劳动者未进行离岗前职业健康检查的，用人单位不得依照该法第40条、第41条的规定解除劳动合同。此项规定虽然没有排除用人单位与劳动者协商一致解除劳动合同的情形，但根据

《职业病防治法》第36条的规定,用人单位安排从事接触职业病危害作业的劳动者进行离岗职业健康检查是其法定义务,该项义务并不因劳动者与用人单位协商一致解除劳动合同而当然免除。本案中,双方于2014年1月13日签订的《协商解除劳动合同协议书》并未明确上诉人张某某已经知晓并放弃了进行离岗前职业健康检查的权利,且张某某于事后亦通过各种途径积极要求被上诉人敬豪公司为其安排离岗职业健康检查。因此,张某某并未放弃对该项权利的主张,敬豪公司应当为其安排离岗职业健康检查。在张某某的职业病鉴定结论未出之前,双方的劳动关系不能当然解除。鉴于双方签订的劳动合同原应于2014年6月30日到期,而张某某2014年12月10日被鉴定为"职业病致残程度柒级",依据《工伤保险条例》第37条的规定,用人单位可以终止到期合同,故张某某与敬豪公司的劳动关系应于2014年12月10日终止。

综上所述,从事接触职业病危害作业的劳动者未进行离岗前职业健康检查的,用人单位不得解除或终止与其订立的劳动合同。即使用人单位与劳动者已协商一致解除劳动合同,解除协议也应认定无效。

● *相关规定*

《劳动法》第29条;《职业病防治法》第31条、第48条;《妇女权益保障法》第50条

第四十三条　工会在劳动合同解除中的监督作用

> 用人单位单方解除劳动合同,应当事先将理由通知工会。用人单位违反法律、行政法规规定或者劳动合同约定的,工会有权要求用人单位纠正。用人单位应当研究工会的意见,并将处理结果书面通知工会。

● 条文注释

对用人单位单方解除劳动合同进行干预，是工会的一项非常重要的维权职能。用人单位单方解除劳动合同，对于劳动者的权益影响极大。单个劳动者处于分散、孤立、弱小、无助的地位，无法与用人单位形成抗衡态势，特别是在用人单位对劳动者进行即时辞退、预告辞退或裁员时。因此，本条将工会干预辞退规定为辞退的必要程序，赋予工会对辞退的参与权和监督权。

● 相关规定

《工会法》第22条；《劳动法》第30条；《最高人民法院关于审理劳动争议案件适用法律问题的解释（一）》第47条

第四十四条 劳动合同的终止

有下列情形之一的，劳动合同终止：

（一）劳动合同期满的；

（二）劳动者开始依法享受基本养老保险待遇的；

（三）劳动者死亡，或者被人民法院宣告死亡或者宣告失踪的；

（四）用人单位被依法宣告破产的；

（五）用人单位被吊销营业执照、责令关闭、撤销或者用人单位决定提前解散的；

（六）法律、行政法规规定的其他情形。

● 条文注释

本条前5项规定尚未包括足以引起劳动合同终止的全部事由，如个体工商户、国家机关、事业单位、社会团体的主体资格消灭，就还未能被上述规定所全部包括。故作出第 6 项规定，为完善劳动合同终止事由的立法和在法律适用中应对新情况提供依据。

● **典型案例**

招用达到法定退休年龄人员不构成劳动关系（福建省高级人民法院劳动争议纠纷典型案例之四）[①]

2019 年 3 月 30 日，乔某某与丈夫徐某某（61 周岁）到某家庭农场务工，负责橙园施肥、除草、喷农药等事务，住在该农场的管理用房内，口头约定二人每月工资 4500 元。同年 6 月 9 日上午，徐某某在农场内突发疾病，后送往医院抢救无效，于次日因脑出血死亡。事故发生后，乔某某及其子女等三人申请劳动仲裁，请求确认徐某某与某家庭农场存在事实劳动关系，劳动仲裁机构不予受理。乔某某等三人不服，诉至法院。

法院认为，劳动关系的成立，应当具备相应的条件。一是主体资格应当是符合劳动法律法规规定的用人单位和劳动者。二是劳动者提供劳动、接受用人单位管理，用人单位接受劳动、支付劳动报酬，用人单位与劳动者之间为管理与被管理关系。《劳动合同法实施条例》第 21 条规定，劳动者达到法定退休年龄的，劳动合同终止。本案中，徐某某到农场务工时，已达到法定退休年龄，依法已不具备建立劳动关系的主体资格条件，故乔某某等三人主张徐某某与某家庭农场存在劳动关系，缺乏依据。据此，判决驳回乔某某等三人的诉讼请求。

综上所述，近年来，随着社会经济的发展和人民健康水平的提高，部分单位退休人员或被原单位返聘或受聘新单位就业，以及其他人员达到法定退休年龄之后的就业，这些"退而不休"的人员，在工

[①] 载福建省高级人民法院网站，https：//www.fjcourt.gov.cn/Page/Court/News/ArticleTradition/3f6f6dfb-994b-47eb-b0c9-f6c1fbc7bc45.html，2023 年 11 月 24 日访问。

作过程中遭受的事故损害时有发生，其权益保护是否按照劳动法律规定途径进行处理存在争议，核心问题是认定此类用工是否构成劳动关系。《劳动法》对用人单位禁止招用童工，建立劳动者退休制度作出相关规定；《劳动合同法实施条例》第 21 条规定，劳动者达到法定退休年龄的，劳动合同终止。从以上规定看，自然人建立劳动关系的能力资格始于用工年龄，终于法定退休年龄，已达到法定退休年龄之后的就业，依法不构成劳动关系，应为劳务关系，相关权利义务应按照民事法律关系处理。对于"退而不休"人员的就业，建议在签订就业协议时，特别注意考量工作内容的安全性，以及薪酬支付、福利待遇、保险购买等方面的保障性，以更好地保障自身合法权益。

● **相关案例索引**

黄某与顺安某公司劳动争议纠纷案（江西省高级人民法院与江西省人力资源社会保障厅联合发布劳动人事争议十起典型案例之五)[①]

劳动者达到法定退休年龄并不必然导致劳动合同的终止，用人单位续聘超过法定退休年龄且尚未依法享受养老保险待遇的劳动者，双方形成劳务关系。劳动者在工作时间内、因工作原因受伤时，应当依法享受工伤保险待遇。

● **相关规定**

《劳动法》第 23 条；《民法典》第 13 条、第 40~41 条、第 46 条；《企业破产法》第 107 条、第 121 条；《公司法》第 180 条；《劳动合同法实施条例》第 13 条

[①] 载微信公众号"江西人社"，https://mp.weixin.qq.com/s/NIRipjLOOZT0eHfx12TL2Q，2023 年 11 月 24 日访问。

第四十五条　劳动合同的逾期终止

劳动合同期满，有本法第四十二条规定情形之一的，劳动合同应当续延至相应的情形消失时终止。但是，本法第四十二条第二项规定丧失或者部分丧失劳动能力劳动者的劳动合同的终止，按照国家有关工伤保险的规定执行。

● **条文注释**

按照我国《工伤保险条例》的规定，对于劳动者被鉴定为丧失、大部分丧失、部分丧失劳动能力，劳动合同终止的标准各有不同，具体有如下规定：

第一，劳动者因工致残被鉴定为一级至四级伤残的，即丧失劳动能力的，保留与用人单位的劳动关系，退出工作岗位。换言之，劳动者被鉴定为丧失劳动能力的，无论其劳动能力是否恢复，用人单位都不得终止劳动合同，直至劳动者达到退休年龄并办理退休手续，享受基本养老保险待遇。

第二，劳动者因工致残被鉴定为五级、六级伤残的，即大部分丧失劳动能力的，保留与用人单位的劳动关系，由用人单位安排适当工作。经工伤职工本人提出，该职工可以与用人单位解除或者终止劳动关系。换言之，劳动者被鉴定为大部分丧失劳动能力的，只要工伤职工本人提出，劳动合同就可以终止，但如果工伤职工本人没有提出，不管其劳动能力是否恢复，劳动合同都不得终止。

第三，职工因工致残被鉴定为七级至十级伤残的，即部分丧失劳动能力的，劳动合同期满终止。换言之，劳动者被鉴定为部分丧失劳动能力的，不管其劳动能力是否恢复，劳动合同期满即可终止。另外，劳动合同未期满，职工本人可提出解除劳动合同。

● *相关规定*

《职业病防治法》第31条、第48条；《工伤保险条例》第35~37条

第四十六条　经济补偿

有下列情形之一的，用人单位应当向劳动者支付经济补偿：

（一）劳动者依照本法第三十八条规定解除劳动合同的；

（二）用人单位依照本法第三十六条规定向劳动者提出解除劳动合同并与劳动者协商一致解除劳动合同的；

（三）用人单位依照本法第四十条规定解除劳动合同的；

（四）用人单位依照本法第四十一条第一款规定解除劳动合同的；

（五）除用人单位维持或者提高劳动合同约定条件续订劳动合同，劳动者不同意续订的情形外，依照本法第四十四条第一项规定终止固定期限劳动合同的；

（六）依照本法第四十四条第四项、第五项规定终止劳动合同的；

（七）法律、行政法规规定的其他情形。

● *实用问答*

1. 问：用人单位应当向劳动者支付经济补偿金的情形有哪些？

答：（1）用人单位存在违法用工情形，劳动者选择解除劳动合同的。（2）用人单位提出解除劳动合同，并与劳动者协商一致的。（3）劳动者患病或者非因工负伤，在规定的医疗期满后不能从事原工作，也不能从事由用人单位另行安排的工作的。（4）劳动者不能胜任工作，经过培训或者调整工作岗位，仍不能胜任工作的。（5）劳动合同订立

时所依据的客观情况发生重大变化，致使劳动合同无法履行，经用人单位与劳动者协商，未能就变更劳动合同内容达成协议的。(6) 用人单位裁员。(7) 劳动合同期限届满，用人单位没有维持或者提高劳动合同约定条件，导致劳动者不愿意续签劳动合同的。(8) 用人单位依法被宣告破产的。(9) 用人单位被吊销营业执照、责令关闭、撤销或者用人单位决定提前解散的。

2. 问：工伤职工在停工留薪期内的工资如何确定？

答： 根据《工伤保险条例》第33条的规定，工伤职工在停工留薪期内"原工资福利待遇不变"，其中"原工资"按照工伤职工因工作遭受事故伤害或者患职业病前12个月的平均月工资计算，但不包括加班工资。

● *典型案例*

1. 用人单位应当按劳动合同约定提供劳动条件（江苏省高级人民法院公布2013年劳动争议十大典型案例之三）

刘某与某实业公司于2010年11月2日签订劳动合同，约定刘某负责公司产品在指定区域的推广和销售，其工资构成为每月固定工资加销售奖金，在合同初始期间（三年）所获得的年度奖金不低于25万元/年。2012年4月13日，该公司向刘某发出《上岗地点变动通知书》，载明"因内部调整，经公司研究决定刘某自4月14日起开始在家办公，至公司通知回厂上班之日止，在家办公期间待遇不变。请于收到通知当日交还公司车辆、加油卡、办公手机和门卡等个人使用的公司财物"。后刘某未再至公司上班。2012年5月29日，刘某向该公司发出解除劳动合同通知，提出因公司拒绝其上班、拖欠工资，双方的劳动合同于30日后正式解除。遂后，刘某诉至法院，请求判令该公司支付解除劳动合同的经济补偿金。

法院认为，某实业公司向刘某发出上岗变动通知书要求其在家办公，但未举证证明具体事由，虽然表示待遇不变，但同时又要求刘某交还公司车辆、加油卡、办公手机和门卡等物品，实际使刘某作为销售人员已无法开展正常的销售工作，亦无法获得作为主要收入来源的销售提成，已构成未按照劳动合同约定提供劳动条件的情形，应向刘某支付解除劳动合同的经济补偿金。

综上所述，用人单位要求销售人员在家办公，但使其无法开展销售业务及获得提成工资，劳动者在提出上班请求被拒绝后要求解除劳动合同的，用人单位应当向劳动者支付经济补偿金。

2. 某科技公司与文某经济补偿金纠纷案（重庆市高级人民法院发布第六批劳动争议十大典型案例之四）

2014年7月17日，某科技公司与文某签订《劳动合同》，约定某科技公司聘用文某为人事专员，劳动合同期限至2020年7月16日，某科技公司可以根据文某的工作表现以及工资、职务调整政策、方案调整文某的工资标准。2018年4月，某科技公司通过内部审批，以文某"连续两个季度绩效评级为C"为由，将文某的工作岗位调整为人事助理，月工资标准从4500元调整为2500元，并于2018年5月起按照调整后工资标准向文某支付2018年4月的工资。2018年5月19日，文某以某科技公司未足额支付劳动报酬为由解除劳动合同，并于2018年5月23日申请仲裁，请求裁决某科技公司向其支付经济补偿金。仲裁委员会作出裁决后，某科技公司不服提起诉讼。

法院认为，用人单位在制定、修改有关劳动报酬、工作时间、劳动纪律以及劳动定额管理等直接涉及劳动者切身利益的规章制度时，应当经职工代表大会或者全体职工讨论，提出方案和意见，与工会或者职工代表平等协商确定，并将直接涉及劳动者切身利益的规章制度公示或者告知劳动者。因用人单位作出的开除、除名、辞退、解除劳动合同、减少劳动报酬等决定而发生的劳动争议，由用人单位承担举证责任。本案中，某科技公司以文某"连续两个季度绩效评级为C"为由，根据《绩效考核管理制度》（2016年版）的规定，决定对文某作降级、降薪处理，但某科技公司未举证证明该规章制度系经法定程序制定并向包括文某在内的员工进行了公示或告知，故应认定某科技公司的决定属于违法减少劳动报酬，对文某不具有约束力。某科技公司未足额向文某支付劳动报酬，文某以此为由请求解除劳动合同并支付经济补偿金符合《劳动合同法》第38条、第46条之规定。人民法院遂判决某科技公司向文某支付经济补偿金。

综上所述，用人单位根据其规章制度作出对劳动者降级、降薪决定的，应当对该规章制度的合法性承担举证责任。用人单位不能证明规章制度经法定程序制定并向劳动者进行了公示或告知的，属于违法变更劳动合同，对劳动者不具有约束力。劳动者以用人单位未足额支付劳动报酬为由解除劳动合同并要求用人单位支付经济补偿金的，应予支持。

3. 李某某与云阳县双江镇某某砖厂经济补偿金纠纷案（重庆市高级人民法院公布劳动争议十大典型案例之九）

某某砖厂于2013年6月18日登记成立，系个体工商户。李某某系某某砖厂招用的工人，双方未签订书面劳动合同，某某砖厂为李某某参加了工伤保险，但未为其参加职工基本养老保险等社会保险。2013年4月27日，李某某在从事碎石工作时被落石砸伤。2013年6月14日，县人力资源和社会保障局认定李某某受的伤属于工伤。2013年11月5日，县劳动能力鉴定委员会鉴定李某某伤残等级为九级。2014年4月3日，李某某以某某砖厂未为其参加社会保险及拖欠工资、加班费等为由，向某某砖厂邮寄了解除劳动关系通知书。后李某某提起仲裁、诉讼，要求某某砖厂支付一次性工伤保险待遇和解除劳动关系经济补偿金。

法院认为，依据《工伤保险条例》的规定，劳动者发生工伤后，伤残等级为5至10级的，劳动者可以保留劳动关系也可以解除劳动关系，并要求用人单位支付一次性工伤保险待遇。劳动者在此种情形下要求解除劳动关系的，不符合《劳动合同法》第46条规定的应当支付经济补偿金的情形，用人单位不应支付经济补偿金。但如果用人单位同时存在其他《劳动合同法》第46条规定的情形，且劳动者以此为由要求解除劳动关系的，劳动者在解除劳动关系的原因上构成竞合，此时只要原因之一符合《劳动合同法》第46条之规定，用人单位就应当支付经济补偿金。

综上所述，劳动者以多种理由要求解除劳动关系并要求用人单位支付经济补偿金的，只要其中任何一种理由符合《劳动合同法》第46条规定的情形的，用人单位就应当向劳动者支付经济补偿金。

● **相关案例索引**

1. 李某与某学校工伤保险待遇纠纷案［安徽省铜陵市中级人民法院（2015）铜中民一终字第00238号］

第三人侵权赔偿是基于侵权而承担赔偿责任。工伤赔偿是基于工伤保险关系作出的赔偿。两种不同的法律关系，不能相互替代。职工不能因第三人侵权与工伤竞合在一份损失的前提下获得两份赔偿从而获益，所以医疗费只能赔偿一份，侵权中的残疾赔偿金、误工费、护理费等赔偿项目和工伤赔偿中的一次性伤残补助金、停工留薪期工资等待遇仍可兼得。

2. 梅某与某酒店劳动合同纠纷案 [山东省济南市中级人民法院(2014)济民一终字第41号]

劳动者达到法定退休年龄时，用人单位有权行使劳动合同终止权。如劳动者不能享受基本养老保险待遇或领取退休金，且用人单位对此存有过错，应对用人单位支付终止劳动合同经济补偿金的情形作扩充解释，用人单位负有向被动结束劳动关系的劳动者支付经济补偿金的义务。

3. 黄某与某公司劳动争议纠纷案 [广东省高级人民法院（2015）粤高法审监民提字第63号]

劳动争议纠纷诉讼中，劳动者应当就自己提出的诉讼主张承担举证责任，如果用人单位持有有关证据，用人单位应当提供，否则应当承担不利后果。若劳动者与用人单位出具的证据均不足以证明劳动者的离职原因，且劳动者与用人单位对离职原因都各执一词，可视为用人单位提出并与劳动者协商一致解除劳动合同，由用人单位向劳动者支付经济补偿金。

● **相关规定**

《劳动法》第24条、第28条；《企业破产法》第113条；《劳动合同法实施条例》第31条；《最高人民法院关于审理劳动争议案件适用法律问题的解释（一）》第36条、第48条

第四十七条　经济补偿的计算

经济补偿按劳动者在本单位工作的年限，每满一年支付一个月工资的标准向劳动者支付。六个月以上不满一年的，按一年计算；不满六个月的，向劳动者支付半个月工资的经济补偿。

劳动者月工资高于用人单位所在直辖市、设区的市级人民政府公布的本地区上年度职工月平均工资三倍的,向其支付经济补偿的标准按职工月平均工资三倍的数额支付,向其支付经济补偿的年限最高不超过十二年。

本条所称月工资是指劳动者在劳动合同解除或者终止前十二个月的平均工资。

● **条文注释**

劳动者在单位工作的年限,应从劳动者向该用人单位提供劳动之日起计算。如果由于各种原因,用人单位与劳动者未及时签订劳动合同的,不影响工作年限的计算。如果劳动者连续为同一用人单位提供劳动,但先后签订了几份劳动合同的,工作年限应从劳动者提供劳动之日起连续计算。

● **典型案例**

1. **李某与某煤矿工伤保险待遇纠纷案**(2014年湖南省高级人民法院涉农民工权益司法保护典型十大案例之四)

李某为农业户口,于2004年起在某煤矿工作,双方没有签订书面劳动合同。2010年7月15日,李某被诊断为:疑似尘肺。2010年7月28日,李某口头通知龙盘山煤矿,终止双方的事实劳动关系。2010年10月27日,李某经疾病预防控制中心诊断为煤工尘肺二期职业病。2011年9月29日,法院依法确认双方在2004年至2010年7月28日之间存在事实劳动关系。2011年10月26日,李某被人力资源和社会保障局认定为工伤。2012年10月22日,李某被劳动能力鉴定委员会鉴定为伤残肆级。李某遂以此为由向劳动人事争议仲裁委员会申请仲裁,该仲裁委员会作出仲裁裁决如下:"一、由某煤矿向李某支付一次性伤残补助金40509元；二、由某煤矿向李某支付一次性享受工伤保险长期待遇208332元；三、由某煤矿向李某支付解除劳动关系经济补偿金8876元。"某煤矿不服，以已为李某缴纳工伤保险费，相关费用依法应当从工伤保险基金内予以支付为由向法院提起诉讼。

　　法院认为，李某在工作中患职业病并被鉴定为肆级伤残，依法应享受相关工伤保险待遇。李某为农业户口，故可提出一次性享受工伤保险长期待遇的要求，并解除与用人单位的劳动关系。因双方均没有提供李某患职业病前12个月的工资表或能证明其实际收入的证据，故可以劳动和社会保障局、统计局公布的2009年全市职工月平均工资1929元作为李某的月工资标准。根据《劳动合同法》的相关规定，某煤矿应支付解除李某劳动合同经济补偿金13503元。某煤矿为其所有员工缴纳了工伤保险，故依法应由工伤保险基金负担的一次性伤残补助金、一次性享受工伤保险长期待遇等工伤保险待遇，李某应向工伤保险基金申请支付，某煤矿协助办理申请手续。综上，某煤矿与李某的劳动关系予以解除，由某煤矿向李某支付解除劳动合同经济补偿金13503元。

　　综上所述，农民工与用人单位形成劳动关系，应当签订劳动合同，即使没有签订书面的劳动合同，双方形成事实劳动关系后，用人单位应当依法为劳动者购买工伤保险。劳动者因工伤不能继续从事工作的，可以依法与用人单位解除劳动合同，并要求用人单位支付解除劳动合同的经济补偿金。根据《劳动合同法》第47条的规定，经济补偿按劳动者在本单位工作的年限，每满一年支付一个月工资的标准向劳动者支付经济补偿。劳动者的工伤保险待遇及一次性伤残补偿金，应当由工伤者向工伤保险基金申请支付，用人单位予以配合。如果用人单位未为劳动者购买工伤保险的，则由用人单位予以赔付。

2. 王某某与某废弃物处理公司劳动合同纠纷案（重庆市高级人民法院发布第五批劳动争议十大典型案例之二）

2012年3月19日，王某某与某废弃物处理公司签订劳动合同，双方建立劳动关系。在2017年1月1日至2018年3月11日期间，某废弃物处理公司未安排王某某休年休假。2018年3月9日，王某某以某废弃物处理公司未按时支付延时加班工资和未休年休假工资为由提出解除劳动关系，并向其邮寄了《解除劳动合同通知》。2018年3月30日，王某某申请仲裁，请求该公司支付未休年休假工资、经济补偿金。仲裁裁决作出后，某废弃物处理公司不服提起诉讼。

法院认为，《职工带薪年休假条例》第5条规定，单位根据生产、工作的具体情况，并考虑职工本人意愿，统筹安排职工年休假；年休假在1个年度内可以集中安排，也可以分段安排，一般不跨年度安排。《企业职工带薪年休假实施办法》第9条规定，用人单位根据生产、工作的具体情况，并考虑职工本人意愿，统筹安排年休假。用人单位确因工作需要不能安排职工年休假或者跨1个年度安排年休假的，应征得职工本人同意。根据上述规定，王某某依法享有休年休假的权利，某废弃物处理公司应统筹安排王某某休年休假，且一般不得跨年度安排。某废弃物处理公司称其可跨年度安排王某某休年休假，但未举证证明已征得王某某本人同意。现王某某以某废弃物处理公司未支付2017年度未休年休假工资为由解除劳动合同，某废弃物处理公司应当根据法律规定支付经济补偿金。

综上所述，年休假原则上应在当年度内安排，用人单位跨年度安排年休假应当征得职工本人同意。用人单位未征得职工本人同意跨年度安排年休假，职工以单位未支付未休年休假工资为由提出解除劳动合同的，用人单位应当支付经济补偿金。

3. 用人单位应合理行使用工管理权（广东高院发布劳动争议十大典型案例之五）

张某是某钢管公司员工。2020年11月15日（周日），张某以岳母去世为由致电某钢管公司请假回家奔丧，公司要求张某提交书面申请。张某于当天晚上离开广州并于2020年11月21日（周六）下午返回。2020年11月23日，该公司以张某旷工3天为由解除与张某的劳动关系。张某遂向法院起诉要求该公司支付违法解除劳动合同赔偿金。

法院认为，张某因回老家参加岳母丧事而请假，符合中华民族传统人伦道德和善良风俗，且其已通过电话方式向某钢管公司履行了请假手续，公司电话中并未明确表示不准张某请假，而仅是表示需要履行书面请假手续。张某火车票显示的路途时间为4天，返回广州时已为周六下午，周日并非工作时间。张某周一上班时，该公司直接作出开除决定，未给予张某补办书面请假手续的机会，缺乏合理性。故判令该公司向张某支付违法解除劳动关系赔偿金。

综上所述，本案中劳动者没有履行书面请假手续系客观原因所致，不存在违反用人单位规章制度的故意。用人单位行使用工管理权既要遵照相关规定，也要符合社会常情常理。本案的审理有利于引导用人单位合理行使用工管理权。

4. 年休假天数应按累计工作年限确定（广东省高级人民法院劳动争议十大典型案例之三）

1996年9月，沈某参加工作，先后入职若干单位，2006年4月，在离开前一用人单位之后随即入职某设备公司。2019年7月，沈某以其入职后未享受过年休假待遇为由，与该设备公司解除劳动合同，并申请劳动仲裁后起诉，诉请设备公司支付未休带薪年休假工资等。

法院认为，人社部《企业职工带薪年休假实施办法》第4条规定，年休假天数根据职工累计工作时间确定。职工在同一或者不同用人单位工作期间，以及依照法律、行政法规或者国务院规定视同工作期间，应当计为累计工作时间。再审将沈某在入职该设备公司之前的工作时间进行累计，确定其享有年休假天数，并据此认定其应得的未休带薪年休假工资。

综上所述，带薪年休假是劳动者的一项重要权利。劳动者参加工作先后入职不同用人单位，其可休年休假天数应根据累计工作年限确定。

5. 安盛公司诉王某某劳动合同纠纷案（《最高人民法院公报》2023年第4期）

王某某于2008年4月7日进入安盛公司工作，岗位为保安，王某某作息为做二休一。2020年1月6日，王某某因父亲生病向其主管李某提交请假单后回老家，请假时间为2020年1月6日至1月13日。次日，王某某因安盛公司未准假而返回，途中得知其父亲去世便再次回家处理丧事。后，王某某于2020年1月14日返回上海，并于次日起开始上班。2020年1月6日至1月14日，王某某应出勤日期分别为6日、8日、9日、11日、12日、14日，共计6天。2020年1月31日，安盛公司向王某某出具《解除劳动合同通知书》，以旷工天数累计3天以上（含3天）为由与其解除劳动关系。王某某申请仲裁，仲裁裁决安盛公司支付王某某2020年1月工资、违法解除劳动合同赔偿金及2019年未休年休假工资差额。安盛公司不服该裁决，诉至法院。

法院认为，劳动合同履行期间，用人单位及劳动者均负有切实、充分、妥善履行合同的义务。劳动者有自觉维护用人单位的劳动秩序，遵守用人单位的规章制度的义务；用人单位管理权的边界和行使方式亦应善意、宽容及合理。安盛公司以王某某旷工天数累计达到3天以上（含3天）为由解除双方劳动合同，安盛公司是否系违法解除，应审视王某某是否存在公司主张的违纪事实。纵观本案，王某某请假，事出有因，其回老家为父亲操办丧事，符合中华民族传统人伦道德和善良风俗。安盛公司作为用人单位行使管理权应遵循合理、限度和善意的原则。至于安盛公司对王某某父亲去世及火化下葬时间存有异议一节，包括王某某老家安徽在内的中国广大农村仍有停灵的丧葬习俗，而相关村委会证明显示的王某某父亲从去世到火化下葬所耗时间尚在合理范围内，尊重民俗，体恤员工的具体困难与不幸亦是用人单位应有之义，故对安盛公司之主张不予采纳。王某某旷工未达3天，未达到安盛公司规章制度规定的可解除劳动合同的条件，安盛公司系违法解除劳动合同，应支付违法解除劳动合同赔偿金。

综上所述，用人单位行使管理权应当合理且善意。劳动者因直系亲属病危提交请假手续，在用人单位审批期间，该直系亲属病故，劳动者径行返家处理后事，用人单位因此以旷工为由主张解除劳动合同的，属于违法解除劳动合同，亦不符合社会伦理。劳动者因用人单位违法解除劳动合同要求赔偿的，人民法院应予支持。

● *相关规定*

《劳动法》第28条；《劳动合同法实施条例》第31条

第四十八条　违法解除或者终止劳动合同的法律后果

用人单位违反本法规定解除或者终止劳动合同，劳动者要求继续履行劳动合同的，用人单位应当继续履行；劳动者不要求继续履行劳动合同或者劳动合同已经不能继续履行的，用人单位应当依照本法第八十七条规定支付赔偿金。

● *条文注释*

（1）本条所谓"违反本法规定"，是指违反《劳动合同法》第36条、第39条、第40条、第41条、第42条、第44条、第45条等规定。具体情形包括不符合法定条件用人单位单方解除的、解除时没有履行法定义务的、不符合法定条件用人单位终止的等。

（2）关于赔偿金标准，《劳动合同法》第87条规定为经济补偿标准的二倍。

（3）经济补偿与经济赔偿是两个性质不同的概念，只有赔偿金适用于用人单位过错性解约的情形，在运用中需要注意区别。

● *相关规定*

《劳动合同法实施条例》第32条

第四十九条　社会保险关系跨地区转移接续

国家采取措施，建立健全劳动者社会保险关系跨地区转移接续制度。

● *相关规定*

《劳动法》第70条、第73条；《社会保险法》第19条、第32条、第52条；《实施〈中华人民共和国社会保险法〉若干规定》第4条、第5条、第7条

第五十条　劳动合同解除或者终止后双方的义务

用人单位应当在解除或者终止劳动合同时出具解除或者终止劳动合同的证明，并在十五日内为劳动者办理档案和社会保险关系转移手续。

劳动者应当按照双方约定，办理工作交接。用人单位依照本法有关规定应当向劳动者支付经济补偿的，在办结工作交接时支付。

用人单位对已经解除或者终止的劳动合同的文本，至少保存二年备查。

● **条文注释**

劳动合同解除或终止之后，当事人也负有善后阶段所承担的义务，即"后合同义务"。所谓后合同义务，是指合同关系消灭后，基于诚实信用原则的要求，缔约双方当事人依法应负有某种作为或不作为义务，以维护给付效果，或协助对方处理合同终止的善后事务的合同附随义务。这是劳动合同法中诚实信用原则的要求。在劳动合同解除或终止后，虽然合同约定的权利义务关系已经消灭，但因为过去合同关系的存在，会对当事人双方产生一定的影响，如果一方当事人不顾另一方当事人的利益，滥用权利，就很可能对另一方当事人造成损害。因此，本法规定，在劳动合同解除或终止的善后阶段中，当事人还须履行通知、协助、保密等多项义务。

● **典型案例**

1. 蔡某与某公司劳动合同纠纷案 ［江苏省南京市中级人民法院（2016）苏01民终652号］

原告蔡某于2014年2月24日入职某公司，双方于当日签订劳动合同一份，合同期限自2014年2月24日起至2019年2月23日止。2015年1月20日，某公司根据建筑行业的相关规定，将蔡某的一级建造师证暂押在装饰行业管理办公室。2015年3月28日，蔡某"因个人事业发展机会的需要"，向某公司提出书面辞职申请。2015年4

月28日,双方签订解除劳动关系协议。蔡某因某公司未及时将证书归还、未及时出具离职证明、未及时办理建造师转出、社会保险及公积金转移等,导致其不能重新就业,诉至法院。

法院认为,蔡某已于2015年4月28日离职,某公司应当在合理期限内积极为蔡某办理相关证件的转出手续,某公司至2015年11月30日才将相关证件退还给蔡某,超出了合理期限。按照蔡某离职前平均工资标准酌定某公司支付蔡某4个月工资损失。

综上所述,用人单位应依据《劳动合同法》规定,在解除或终止劳动合同时出具解除或终止劳动合同的证明,并在15日内为劳动者办理档案和社会保险关系的转移手续,还应在合理期限内为劳动者办理专业证件的转移手续。用人单位不及时办理,致使劳动者在再次就业时无法办理相关入职手续,或者无法出示相关证件,严重影响新用人单位对劳动者工作态度和职业能力的判断,从而导致劳动者不能顺利就业的,损害了劳动者的再就业权益,应对劳动者的未就业损失进行赔偿。

2. 邓某与某建筑工程公司劳动争议案(重庆市高级人民法院发布第八批劳动争议十大典型案例之十)

邓某于2010年1月1日进入某建筑工程公司工作,于2018年7月1日向该公司提出辞职。2018年8月13日,双方签订《解聘合同书》,约定某建筑工程公司归还邓某建造师执业资格证书、注册证书、资格章等物品。截至2021年5月10日,经市建设工程施工安全管理网查询,邓某的建造师执业资格证书仍注册于某建筑工程公司,有效期至2022年12月9日止。邓某经仲裁后提起诉讼,要求某建筑工程公司返还其建造师执业资格证书并从市建设工程施工安全管理网(官网)解除注册。

法院认为，邓某与某建筑工程公司已于2018年8月13日签订《解聘合同书》，双方劳动关系解除。该合同约定某建筑工程公司归还邓某建造师执业资格证书、注册证书、资格章等物品。建造师执业资格证书是专属劳动者个人的档案材料，是劳动者能依凭自己的专业所长就业的资格证明，用人单位拒不交还，不仅违反了双方约定，并且对劳动者再次就业造成妨碍，侵犯了劳动者的权益。某建筑工程公司应当遵循诚实信用原则，按约定履行相关义务，故对邓某要求返还资格证书并从市建设工程施工安全管理网（官网）解除注册，应予支持。

综上所述，建造师执业资格证书是专属劳动者个人的档案材料，是劳动者能依凭自己的专业所长就业的资格证明。解除劳动合同后，劳动者要求原用人单位返还执业资格证书并解除注册的，应予支持。

3. 蔡某某诉金中建公司劳动合同纠纷案（《最高人民法院公报》2020年第4期）

原告蔡某某于2014年2月24日入职金中建公司，双方于当日签订劳动合同一份，合同期限自2014年2月24日起至2019年2月23日止。2015年1月20日，金中建公司根据建筑行业的相关规定，将蔡某某的一级建造师证暂押在市装饰行业管理办公室。2015年3月28日，蔡某某"因个人事业发展机会的需要"，向金中建公司提出书面辞职申请。2015年4月28日，双方签订解除劳动关系协议。蔡某某因金中建公司未及时将上述证书归还、未及时办理离职手续，导致其不能重新就业，诉至法院。

法院认为，蔡某某于2015年4月28日离职，金中建公司应当在合理期限内积极为蔡某某办理相关证件的转出手续，金中建公司至2015年11月30日才将相关证件退还给蔡某某，超出了合理期限。按照蔡某某离职前平均工资的标准酌定金中建公司支付蔡某某4个月工资损失。

综上所述，用人单位应依据《劳动合同法》的规定，在解除或终止劳动合同时出具解除或终止劳动合同的证明，并在15日内为劳动者办理档案和社会保险关系的转移手续，还应在合理期限内为劳动者办理专业证件转移手续。用人单位不及时办理上述事项，致使劳动者在再次就业时无法办理相关入职手续，或者无法出示相关证件，严重影响新用人单位对劳动者工作态度和职业能力的判断，从而导致劳动者不能顺利就业，损害劳动者的再就业权益的，应对劳动者的未就业损失进行赔偿。

第五章　特别规定

第一节　集体合同

第五十一条　集体合同的订立和内容

企业职工一方与用人单位通过平等协商，可以就劳动报酬、工作时间、休息休假、劳动安全卫生、保险福利等事项订立集体合同。集体合同草案应当提交职工代表大会或者全体职工讨论通过。

集体合同由工会代表企业职工一方与用人单位订立；尚未建立工会的用人单位，由上级工会指导劳动者推举的代表与用人单位订立。

● *条文注释*

集体合同有以下特征：第一，集体合同是最低标准的合同。集体合同是就劳动报酬、工作时间、休息休假、劳动安全卫生、保险福利等事项的最低标准和企业达成的协议，企业和职工个人签订的劳动合同所定的各种待遇不得低于集体合同的标准。第二，集体合同规定企业承担的义务都具有法律性质，企业不履行义务，就要承担相应的法律责任。第三，集体合同是要式合同。集体合同要以书面形式签订，并经主管机关登记备案，才具有法律效力。

● *相关规定*

《劳动法》第33条

第五十二条 **专项集体合同**

企业职工一方与用人单位可以订立劳动安全卫生、女职工权益保护、工资调整机制等专项集体合同。

第五十三条 **行业性集体合同、区域性集体合同**

在县级以下区域内，建筑业、采矿业、餐饮服务业等行业可以由工会与企业方面代表订立行业性集体合同，或者订立区域性集体合同。

● *条文注释*

考虑到建筑业、采矿业、餐饮服务业这三个行业在用工上问题比较多，通过单个劳动合同、企业集体合同很难解决问题。因此，本条规定，建筑、采矿、餐饮业可以订立行业性集体合同。例如，在制定建筑业行业性集体合同时，针对建筑业是高危行业的情况，可以把职工保险等难点问题纳入集体合同文本中。

第五十四条　集体合同的报送和生效

集体合同订立后，应当报送劳动行政部门；劳动行政部门自收到集体合同文本之日起十五日内未提出异议的，集体合同即行生效。

依法订立的集体合同对用人单位和劳动者具有约束力。行业性、区域性集体合同对当地本行业、本区域的用人单位和劳动者具有约束力。

● **条文注释**

集体合同订立后应当报送劳动行政部门，这是法定程序，也是集体合同生效的条件。劳动行政部门有审查集体合同内容是否合法的责任，如果发现集体合同内容有违法、失实等情况，应不予登记或暂缓登记，发回企业对集体合同进行修正。

经政府确认生效或依法自行生效的集体合同，签约双方应及时以适当方式向各自代表的全体成员公布。

● **相关规定**

《劳动法》第 34 条、第 35 条

第五十五条　集体合同中劳动报酬、劳动条件等标准

集体合同中劳动报酬和劳动条件等标准不得低于当地人民政府规定的最低标准；用人单位与劳动者订立的劳动合同中劳动报酬和劳动条件等标准不得低于集体合同规定的标准。

● *相关规定*

《劳动法》第 35 条

第五十六条 集体合同纠纷和法律救济

用人单位违反集体合同，侵犯职工劳动权益的，工会可以依法要求用人单位承担责任；因履行集体合同发生争议，经协商解决不成的，工会可以依法申请仲裁、提起诉讼。

● *条文注释*

履行集体合同的争议在实践中与劳动争议（限于单个劳动争议）存在交叉。严格地说，履行集体合同的争议，其当事人只限于工会（或职工代表）与用人单位或其团体，其标的只限于工会（或职工代表）所代表的全体劳动者的利益。而集体合同的履行主要表现为集体合同规定的劳动标准通过劳动关系的运行具体落实于单个劳动者的过程，或者说直接或间接转化为劳动关系当事人双方权利义务的过程，在此过程中发生的争议一般都表现为以单个劳动者劳动权利义务为标的的争议，这虽然是集体合同履行过程中发生的争议，但应当以单个劳动者和用人单位为当事人，并不宜作为集体合同争议中的履约争议。可见，只有在集体合同履行过程中就全体劳动者或不特定劳动者的个体利益发生争议时，才需要工会作为与用人单位相对的劳动者方当事人。例如，当工会认为用人单位作出的针对全体劳动者或不特定劳动者共同利益的行为违反集体合同规定而与用人单位发生的争议，就是集体合同争议中的履约争议。又如，当工会认为用人单位单方解除劳动合同的行为违反集体合同的规定，要求用人单位纠正，被用人单位拒绝时，由此发生的争议，涉及工会、用人单位和被辞退者，就属于劳动争议，而不属于集体合同争议。

● **相关规定**

《工会法》第 21 条

第二节 劳务派遣

第五十七条 劳务派遣单位的设立

经营劳务派遣业务应当具备下列条件:
(一) 注册资本不得少于人民币二百万元;
(二) 有与开展业务相适应的固定的经营场所和设施;
(三) 有符合法律、行政法规规定的劳务派遣管理制度;
(四) 法律、行政法规规定的其他条件。

经营劳务派遣业务,应当向劳动行政部门依法申请行政许可;经许可的,依法办理相应的公司登记。未经许可,任何单位和个人不得经营劳务派遣业务。

● **条文注释**

劳务派遣是指劳务派遣单位根据用人单位的实际用工需要,招聘合格人员,并将所聘人员派遣到用人单位工作的一种用工方式,其特点为"招人不用人""用人不招人"的招聘与用人相分离的用工模式。

● **实用问答**

问:经营劳务派遣业务的公司需要满足哪些条件?

答:(1) 注册资本不得少于人民币二百万元。(2) 有与开展业务相适应的固定的经营场所和设施。(3) 有符合法律、行政法规规定的劳务派遣管理制度。(4) 应当向劳动行政部门依法申请行政许可。(5) 应当与被派遣劳动者订立二年以上的固定期限劳动合同,按月支付劳动报酬。(6)被派遣劳动者在无工作期间,劳务派遣单位应当按照所在地人民政府规定的最低工资标准,向其按月支付报酬。(7)与接受以劳务派遣形式用工的单位订立劳务派遣协议。

第五十八条　劳务派遣单位、用工单位及劳动者的权利义务

　　劳务派遣单位是本法所称用人单位,应当履行用人单位对劳动者的义务。劳务派遣单位与被派遣劳动者订立的劳动合同,除应当载明本法第十七条规定的事项外,还应当载明被派遣劳动者的用工单位以及派遣期限、工作岗位等情况。

　　劳务派遣单位应当与被派遣劳动者订立二年以上的固定期限劳动合同,按月支付劳动报酬;被派遣劳动者在无工作期间,劳务派遣单位应当按照所在地人民政府规定的最低工资标准,向其按月支付报酬。

● **典型案例**

张某某与某市政公司劳动合同纠纷案(重庆市高级人民法院发布劳动争议典型案例之九)

　　2014年10月16日,张某某与某市政公司签订《劳动合同书》,约定劳动合同期限从2014年10月1日起至2016年9月30日止,张某某被派遣至某街道办事处从事协管员工作。2015年12月21日,某街道办事处制发《关于张某某等退回劳务派遣公司的函》,以张某某等人违反管理制度、不符合用人要求为由,将张某某等退回某市政公司。2015年12月27日,某市政公司复函某街道办事处,称收到上述函件。2015年12月27日,张某某从某市政公司收到上述函件。在2016年1月1日至2016年9月30日期间,张某某未为某市政公司以及某街道办事处提供劳动。后张某某申请仲裁,并提起诉讼,要求某

市政公司支付其在 2016 年 1 月 1 日至 2016 年 9 月 30 日期间的工资。

法院认为，《劳动合同法》第 58 条第 2 款规定，劳务派遣单位应当按月向被派遣劳动者支付劳动报酬，被派遣劳动者在无工作期间，劳务派遣单位应当按照所在地人民政府规定的最低工资标准，向被派遣劳动者按月支付报酬。某街道办事处以张某某违反规章制度为由将张某某退回某市政公司后，某市政公司亦将相关函件送达张某某，但此后，张某某与某市政公司均未向对方作出解除劳动关系的意思表示，故张某某与某市政公司之间的劳动关系因劳动合同期满于 2016 年 9 月 30 日终止。在 2016 年 1 月 1 日至 2016 年 9 月 30 日期间，张某某与某市政公司存在劳动关系，但张某某无工作，且该市政公司未举证证明其曾通知张某某回公司办理相关手续，系张某某因自身原因未办理，故该市政公司应当按照 2016 年度最低工资 1500 元/月的标准向张某某支付该段期间的报酬，金额为 13500 元。

综上所述，被派遣劳动者被用工单位退回用人单位，用人单位应当行使对劳动者进行管理的职责。被派遣劳动者在无工作期间，用人单位应当按照当地当年度最低工资标准向劳动者支付劳动报酬。

第五十九条　劳务派遣协议

劳务派遣单位派遣劳动者应当与接受以劳务派遣形式用工的单位（以下称用工单位）订立劳务派遣协议。劳务派遣协议应当约定派遣岗位和人员数量、派遣期限、劳动报酬和社会保险费的数额与支付方式以及违反协议的责任。

用工单位应当根据工作岗位的实际需要与劳务派遣单位确定派遣期限，不得将连续用工期限分割订立数个短期劳务派遣协议。

● **条文注释**

　　派遣协议的签订、变更、解除、终止均不得损害被派遣员工的合法权益。

　　派遣期限、工作岗位必须明确约定，它将影响到派遣单位与劳动者订立的劳动合同的内容。

　　用工单位应当按照派遣协议约定，及时足额将被派遣劳动者的劳动报酬、社会保险费等费用支付给劳务派遣单位，确保劳动者工资报酬和社会保险待遇的落实。实践中，劳务派遣期限往往与劳动合同期限一致，即劳务派遣协议期限届满终止的，劳动合同亦终止。本条突出强调不得将连续用工期限分割而签订数个短期劳务派遣协议。

第六十条　劳务派遣单位的告知义务

> 　　劳务派遣单位应当将劳务派遣协议的内容告知被派遣劳动者。
>
> 　　劳务派遣单位不得克扣用工单位按照劳务派遣协议支付给被派遣劳动者的劳动报酬。
>
> 　　劳务派遣单位和用工单位不得向被派遣劳动者收取费用。

● **条文注释**

　　被派遣劳动者的劳动报酬的支付方式在实践中存在两种，一是由用工单位直接支付；二是由派遣单位支付，即用工单位按约定将包括工资在内的所有费用支付给派遣单位，再由派遣单位将劳动报酬支付给劳动者。第一种方式较为普遍，且不存在派遣单位克扣劳动报酬问题。出现派遣单位克扣劳动报酬的情况往往是第二种方式，而且多数情况下是用工单位拖欠派遣单位费用所致。

第六十一条　跨地区派遣劳动者的劳动报酬、劳动条件

劳务派遣单位跨地区派遣劳动者的，被派遣劳动者享有的劳动报酬和劳动条件，按照用工单位所在地的标准执行。

第六十二条　用工单位的义务

用工单位应当履行下列义务：

（一）执行国家劳动标准，提供相应的劳动条件和劳动保护；

（二）告知被派遣劳动者的工作要求和劳动报酬；

（三）支付加班费、绩效奖金，提供与工作岗位相关的福利待遇；

（四）对在岗被派遣劳动者进行工作岗位所必需的培训；

（五）连续用工的，实行正常的工资调整机制。

用工单位不得将被派遣劳动者再派遣到其他用人单位。

● 条文注释

很多用工单位不支付被派遣劳动者的福利待遇，以此降低用工成本。这样的做法属于违法行为。派遣单位向被派遣劳动者支付劳动报酬，用工单位向派遣单位支付报酬或管理费。而作为加班加点劳动报酬的加班费、绩效奖金、与工作岗位相关的福利待遇等则都是在具体劳动中的报酬内容，由用工单位向被派遣劳动者支付。

用工单位不得将被派遣劳动者再派遣到其他用人单位，也就是说接受以劳务派遣形式用工的单位接收被派遣劳动者必须是自用。

第六十三条　被派遣劳动者同工同酬

被派遣劳动者享有与用工单位的劳动者同工同酬的权利。用工单位应当按照同工同酬原则，对被派遣劳动者与本单位同类岗位的劳动者实行相同的劳动报酬分配办法。用工单位无同类岗位劳动者的，参照用工单位所在地相同或者相近岗位劳动者的劳动报酬确定。

劳务派遣单位与被派遣劳动者订立的劳动合同和与用工单位订立的劳务派遣协议，载明或者约定的向被派遣劳动者支付的劳动报酬应当符合前款规定。

● **条文注释**

同工同酬是指用人单位对于从事相同工作，付出等量劳动且取得相同劳绩的劳动者，应支付同等的劳动报酬；这里的"劳动报酬"即劳动者从用人单位得到的全部工资收入。作为平等尺度的劳动标准，有法定劳动基准和本单位劳动标准之区分，而有的法定劳动基准在我国现阶段存在地区差异，所以，劳动平等主要是本单位范围内的平等和本地区范围内的平等。

● **相关案例索引**

曾某与某公司劳动争议纠纷案（江西省高级人民法院与江西省人力资源社会保障厅联合发布劳动人事争议十起典型案例之四）[①]

同工同酬是指用人单位对于从事相同工作，付出等量劳动且取得相同业绩的劳动者，应支付同等的劳动报酬，以工龄相同要求获得同等报酬，不符合同工同酬的原则。

[①] 载微信公众号"江西人社"，https://mp.weixin.qq.com/s/NvWEpEP-p9sQR71BF636gA，2023年11月24日访问。

第六十四条　被派遣劳动者参加或者组织工会

被派遣劳动者有权在劳务派遣单位或者用工单位依法参加或者组织工会，维护自身的合法权益。

● *条文注释*

实践中，解决劳务派遣工参加工会的问题主要有三种方法：第一，由劳务派遣单位成立工会，并在用工单位成立分工会，与接受单位的工会合作一起搞活动；第二，由劳务派遣单位与接受单位签订协议，委托接受单位工会管理劳务派遣工会会员；第三，接受单位允许一定工龄的劳务派遣工加入接受单位的工会，但这种方式仍存在一些法律问题。

第六十五条　劳务派遣中解除劳动合同

被派遣劳动者可以依照本法第三十六条、第三十八条的规定与劳务派遣单位解除劳动合同。

被派遣劳动者有本法第三十九条和第四十条第一项、第二项规定情形的，用工单位可以将劳动者退回劳务派遣单位，劳务派遣单位依照本法有关规定，可以与劳动者解除劳动合同。

● *条文注释*

本条应当注意：第一，被派遣劳动者解除劳动合同要依据本法有关解除劳动合同的规定。例如，单方解除劳动合同要履行提前三十日通知的义务，并做好交接工作，负有保密义务的要注意不得损害用人单位的利益。第二，用人单位与被派遣劳动者解除劳动合同，也要履行相关义务，并应当依法给予劳动者经济补偿。第三，劳动者有《劳动合同法》第39条情形的，用工单位将被派遣劳动者退回劳务派遣单位的，要将相关的证据准备充足、确凿。

● *典型案例*

杜某某与某人力资源公司、某大学劳动争议案（重庆市高级人民法院发布第五批劳动争议十大典型案例之七)

2013年3月1日，杜某某与某人力资源公司签订劳动合同，杜某某被该人力资源公司派遣至某大学从事安全协管员工作，该工作岗位实行不定时工作制。2017年8月，因某大学深化改革，对杜某某作退工处理。当月，某人力资源公司解除了与杜某某的劳动关系。某人力资源公司就杜某某所在岗位实行不定时工作制分别于2011年11月至2014年9月、2014年12月至2016年11月、2017年6月至2019年5月通过了人社部门的行政审批。杜某某经仲裁后提起诉讼，主张在人社部门未作出行政审批的间隔期间，不应认定为不定时工作制，某人力资源公司应当支付相应期间的加班工资。

法院认为，根据《关于企业实行不定时工作制和综合计算工时工作制的审批办法》的规定，用人单位实行不定时工作制的，必须经过当地劳动保障主管部门的批准方可实施。法律规定，企业实行不定时工作制必须经过劳动主管部门批准，其目的在于限制用人单位自行规定或变相强制与劳动者约定不定时工作制，进而侵害劳动者的合法权益。但劳动主管部门的批准行为系一种行政行为，不能机械地根据劳动主管部门的批准时间确定实际实行不定时工作制的时间。本案中，关于不定时工作制的行政审批所覆盖期间，没有涵盖劳动者整个工作期间，但杜某某的工作岗位、工作内容在未经审批的时段内均未发生变化，如认定杜某某在行政审批间隔期内，由不定时工作制转变为标准工时制，则会出现杜某某从事同一工作但适用不同工时制度、计薪方式的情形。因此，应当认定虽然杜某某所在岗位实行不定时工作制在行政审批上存在间隔,但由于其工作岗位、工作内容均未发生变化,其在工作期间内始终适用不定时工作制。

综上所述,在劳动关系存续期间,即使用人单位对实行不定时工作制的劳动岗位在行政审批上存在间隔,但由于劳动者的工作岗位、工作内容均未发生变化,仍应认定用人单位对该劳动者实行的是不定时工作制。

第六十六条 劳务派遣的适用岗位

劳动合同用工是我国的企业基本用工形式。劳务派遣用工是补充形式,只能在临时性、辅助性或者替代性的工作岗位上实施。

前款规定的临时性工作岗位是指存续时间不超过六个月的岗位;辅助性工作岗位是指为主营业务岗位提供服务的非主营业务岗位;替代性工作岗位是指用工单位的劳动者因脱产学习、休假等原因无法工作的一定期间内,可以由其他劳动者替代工作的岗位。

用工单位应当严格控制劳务派遣用工数量,不得超过其用工总量的一定比例,具体比例由国务院劳动行政部门规定。

● **典型案例**

1. 用工单位不得借劳务外包之名行劳务派遣之实(江苏省高级人民法院2019年度劳动争议十大典型案例之五)

2018年7月,黄某经由网站招聘至苏州A公司工作。2018年7月6日,苏州A公司驻厂经理将其领至南京B公司处从事劳动。黄某所在工段共有七名工人,除黄某外,其余均为南京B公司员工。黄某的食宿由南京B公司提供。苏州A公司与南京B公司签订的《劳务外包协议》约定，苏州 A 公司根据南京 B 公司的生产需要，承包南京 B 公司指定的生产项目。承包服务费用按月结算，结算公式为：月承包服务费用=单价×月总工时。若苏州 A 公司派遣员工所生产产品不符合南京 B 公司要求或不符合甲方管理，南京 B 公司有权解除劳动合同或有权随时要求更换派遣人员。转班劳务派遣员工不享受老员工待遇。劳务派遣员工社保费用由苏州 A 公司承担。2018 年 7 月 27 日，黄某在南京 B 公司处受伤。后黄某申请劳动仲裁，请求确认其与苏州 A 公司之间自 2018 年 7 月 6 日起存在劳动关系，与南京 B 公司自 2018 年 7 月 6 日起存在劳务派遣用工关系。仲裁委不予受理，黄某诉至法院。

　　法院认为，南京 B 公司与苏州 A 公司协议约定的"承包服务费"计算基础为劳动者每月的工时而不是工作成果；南京 B 公司对黄某直接进行工作管理、安排和指挥；黄某的生产资料均由南京 B 公司提供；黄某的工作属于南京 B 公司业务的组成部分；苏州 A 公司负责招录黄某并进行劳动关系的管理；南京 B 公司与苏州 A 公司之间并非"项目外包"，而仅是由苏州 A 公司对该项目派遣一名员工。据此，两家公司签订的虽名为"劳务外包协议"，但黄某、南京 B 公司与苏州 A 公司的关系符合劳务派遣单位派遣劳动者，用工单位实际用工这一劳务派遣关系的特征，且苏州 A 公司具有劳务派遣经营资质，遂判决确认黄某与苏州 A 公司自 2018 年 7 月 6 日起存在劳动关系，与南京 B 公司自 2018 年 7 月 6 日起存在劳务派遣用工关系。

　　综上所述，用人单位可以通过业务外包等方式，降低用工成本，提高工作效率，但不得以"劳务外包"之名行"劳务派遣"之实，排除自身法定责任，侵害劳动者合法权益。

2. 用人单位不得以劳务派遣协议期满为由解除劳动合同（广东省高级人民法院劳动争议十大典型案例之五）

廖某与某服务公司签订《劳动合同》，服务公司将其派遣至某通信公司工作。劳动合同履行期间，该服务公司以其与某通信公司的《劳务派遣协议》合同期满、双方未再续签为由，向廖某提出两个方案，即由新劳务派遣单位与廖某签订新的劳动合同或双方协商解除劳动合同。廖某对上述方案均不接受，在该服务公司解除劳动合同后起诉请求服务公司支付赔偿金。

法院认为，该服务公司在与通信公司的《劳务派遣协议》合同期满后向廖某提出的两个选择方案，实质均为与廖某解除劳动合同，而并未提出变更劳动合同的方案与廖某协商。该服务公司解除与廖某的劳动合同不符合《劳动合同法》第40条规定，属于违法解除，判令服务公司向廖某支付违法解除劳动合同的赔偿金。

综上所述，用人单位单方解除劳动合同应当遵循法律规定。用人单位与用工单位的《劳务派遣协议》期满且未续签，不属于法律规定用人单位可解除劳动合同的情形。在双方未能就变更劳动合同达成一致意见的情况下，用人单位单方解除劳动合同，属于违法解除，应当向劳动者支付违法解除劳动合同的赔偿金。

● *相关案例索引*

1. 某公司与张某某劳动合同纠纷案 [广东省深圳市中级人民法院（2011）深中法民六终字第2903号]

用人单位以其他单位为劳务派遣单位之名，将劳动合同关系冠以劳务派遣关系之名，只要劳动者与该用人单位的关系不具有临时性、辅助性、替代性的特点，就应该认定为直接的劳动合同关系。

2. 黄某与某外包服务公司、某公司劳务派遣合同纠纷案[江苏省南京市中级人民法院（2019）苏01民终1698号]

企业将其业务"发包"给具有劳务派遣经营资质的其他单位，该"承包"单位的劳动者在"发包"企业的生产经营场所使用企业的设施设备提供劳动，接受"发包"企业管理、指挥，"发包"企业以工时为基础与"承包"单位结算费用的，该劳动者与"发包"企业成立劳务派遣用工关系，企业以劳务外包进行抗辩的，人民法院不予支持。

第六十七条　用人单位不得自设劳务派遣单位

用人单位不得设立劳务派遣单位向本单位或者所属单位派遣劳动者。

● *典型案例*

1. 用人单位不得通过逆向派遣规避法定责任（江苏省高级人民法院发布2016~2018年度劳动争议十大典型案例之七）

曹某于2007年7月6日入职热电公司，从事皮带工工作。入职后，为民服务社以劳务派遣的方式与曹某签订了劳动合同，将曹某派遣至热电公司工作。2008年7月1日，宏太公司作为劳务派遣方与曹某签订了劳动合同，仍将其派遣至热电公司工作，工种仍为皮带工，合同期限为2年，双方签订了三次劳动合同，合同期限分别为2008年7月1日至2010年6月30日、2010年7月1日至2012年6月30日、2012年7月1日至2014年6月30日。2014年8月，协力公司作为劳务派遣方与曹某签订了劳动合同，仍将其派遣至热电公司工作，工种仍为皮带工，合同期限为1年，期间签订了二次合同，合同期限分别为2014年8月1日至2015年7月31日、2015年9月1日至2016

年8月31日。2016年8月11日,协力公司向曹某发出告知书,载明双方劳动合同于2016年8月31日到期终止,到时不再续签。曹某申请仲裁,请求裁令热电公司支付经济补偿金。仲裁委未予受理,曹某诉至法院。

法院认为,曹某实际为热电公司招用,但热电公司却先后通过为民服务社、宏太公司、协力公司与曹某签订劳动派遣合同,将其派遣至该单位从事岗位、地点均无任何变化的工作,热电公司的这种做法是规避用人单位法律责任的逆向派遣行为,因曹某的诉讼请求为要求热电公司支付经济补偿金,故对该主张应予支持。

综上所述,用人单位让劳动者与指定的劳务派遣机构轮流签订劳动合同,再派遣回用人单位从事原工作的,系规避法律的逆向派遣行为,用人单位仍应承担用工主体的法定责任。

2. 用人单位不得设立劳务派遣单位向本单位派遣劳动者(江苏省高级人民法院公布2013年劳动争议十大典型案例之七)

常某于2003年10月至某工学院饮服部门工作,任验收员。2008年1月1日,常某与某劳务公司签订劳务派遣合同,由该劳务公司将其派遣至原岗位工作,劳动合同期限为2008年1月1日至2010年12月31日。2011年1月1日,常某再次与某劳务公司签订劳动派遣合同,合同期限为2011年1月1日至2013年12月31日。根据常某的申请,某工学院批准其于2011年12月1日至2012年3月1日期间休产假,产假期间,按正常工资标准发放工资。2012年3月1日,产假期满后,常某向某工学院、某劳务公司三次邮寄安排工作岗位申请书,均未得到回复。该劳务公司成立于2007年6月29日,发起人为某招待所(投资占60%)、胡某和庄某。2008年7月14日,某劳务公司申请新增投资人某软件公司(出资占40%),某招待所出资比例变为36%。某招待所投资人为某工学院（出资占90%）和郑某，某工学院还持有某软件公司5%的股份。由于某工学院和某劳务公司拒绝为常某安排工作，常某遂诉至法院，请求确认其与某劳务公司签订的劳务派遣合同无效，某工学院须为其办理解除劳动合同相关手续等。

法院认为，某工学院与其他发起人投资设立某招待所和某软件公司，某招待所和某软件公司又与其他投资人设立某劳务公司，某工学院再将原雇用的常某改为由某劳务公司派遣至本单位，该行为违反了《劳动合同法》关于用人单位不得出资或合伙设立劳务派遣单位向本单位派遣劳动者的规定，常某与某劳务公司签订的两份派遣合同均无效，常某劳动关系和劳动合同的相对人仍为某工学院，遂判决支持了常某的诉讼请求。

综上所述，用人单位或其所属单位出资或者合伙设立的劳务派遣单位，向本单位或者所属单位派遣劳动者的，劳务派遣合同无效，劳动者劳动关系的相对方仍是该实际用工单位。

3. 兼职的劳动关系认定（福建省高级人民法院劳动争议纠纷典型案例之二)[①]

陈某某在百诺公司工作期间，于2017年3月起到某认证公司从事兼职审核员工作，期间先后取得中国认证认可协会颁发的QMS、EMS、OHSMS审核员资格证，该三本资格证记载的执业机构均为某认证公司，有效期也均为三年。2018年1月23日，陈某某以某认证公司不签订书面劳动合同、拖欠三个月工资为由离职。同年3月9日，陈某某申请劳动仲裁，请求确认终止双方劳动关系，由该认证公司支付未签订书面劳动合同二倍工资及拖欠的工资、出具《离职证明》、

---

① 载福建省高级人民法院网站，https://www.fjcourt.gov.cn/Page/Court/News/ArticleTradition/7F04582f-62c9-47F0-b759-d277391a9058.html，2023年11月24日访问。

赔偿未及时出具《离职证明》导致无法及时转换从业机构造成的就业损失等。该认证公司认为，陈某某是兼职审核员，之前已在其他公司就业，其与陈某某之间不存在劳动关系，双方不需要签订书面劳动合同，也无须为陈某某出具《离职证明》。该案经劳动仲裁及诉讼，二审期间陈某某放弃支付未签订书面劳动合同二倍工资的诉求。

法院认为，陈某某在某认证公司兼职期间取得的审核员资格证书，记载执业机构为该认证公司，陈某某实际接受该认证公司的指派开展工作，双方即建立用工劳动合同关系，该认证公司应当按照《劳动法》的规定，向陈某某支付拖欠的工资。陈某某已于2018年1月23日离职，双方劳动关系此时终止。该认证公司作为认证行业从业机构，应当遵守其行业规范，《注册认证人员转换执业机构暂行规定》规定，注册认证人员只能在一个认证从业机构执业，注册认证人员转换从业机构时，应凭转出机构开具的《离职证明》办理执业机构转换手续。该认证公司拒绝为陈某某出具《离职证明》，违反了上述行业规范，应承担相应责任。故判决支持陈某某的诉求，终止双方劳动关系，由该认证公司支付拖欠的工资、出具《离职证明》及赔偿就业损失。

综上所述，中国认证认可协会《注册认证人员转换执业机构暂行规定》第6条规定：注册认证人员在认证从业机构执业分为专职和兼职两种形式。无论何种形式，注册认证人员都应与认证从业机构签订符合《劳动合同法》要求的劳动合同。该规定表明，兼职认证员与该认证从业机构之间构成劳动关系，双方应当签订书面劳动合同。该暂行规定第18条还规定，转入机构必须凭转出机构为该注册认证人员开具的《离职证明》以及由注册认证人员本人和转入机构签字盖章的《申请书》到协会办理转换手续。据此，执业机构应当为认证人员出具《离职证明》以及赔偿未及时出具《离职证明》造成的相应损失。

● *相关规定*

《劳动合同法实施条例》第 28 条

第三节　非全日制用工

第六十八条　非全日制用工的概念

非全日制用工，是指以小时计酬为主，劳动者在同一用人单位一般平均每日工作时间累计不超过四小时，每周工作时间累计不超过二十四小时的用工形式。

● *典型案例*

张某与某技术咨询公司劳动争议案（重庆市高级人民法院发布第七批劳动争议十大典型案例之九）

2010 年 8 月 10 日，张某与某技术咨询公司签订《临时工聘用合同书》，约定张某在该公司从事炊事员工作，负责制作 10 人左右的工作日午餐，合同期限为 1 年，试用期为 1 个月。合同到期后，双方未再续订聘用合同，但张某继续在该公司负责制作工作日午餐。2018 年 1 月 30 日，某技术咨询公司通知张某解除劳动关系。工作期间，张某在某技术咨询公司工作人员就餐完毕后即可下班，该公司按月向张某发放工资。张某经仲裁后提起诉讼，请求某技术咨询公司支付违法解除劳动合同赔偿金。

法院认为，根据《劳动合同法》第 68 条规定，非全日制用工与全日制用工的根本区别在于工作时间不同。非全日制用工劳动者在同一用人单位一般平均每日工作时间不超过四小时，每周工作时间累计不超过二十四小时，全日制用工劳动者在同一用人单位每日工作时间不超过八小时,平均每周工作时间累计不超过四十四小时。本案中,张某的工作是在每个工作日中午为某技术咨询公司的工作人员准备一顿10人量的午餐,工作人员就餐完毕后,张某即可下班。张某每日的工作时间不超过四个小时、每周的工作时间累计不超过二十四小时,符合非全日制用工的基本法律特征,应当认定张某与某技术咨询公司建立非全日制用工关系。根据《劳动合同法》第71条"非全日制用工双方当事人任何一方都可以随时通知对方终止用工"的规定,张某要求某技术咨询公司支付违法解除劳动合同赔偿金于法无据,不予支持。

综上所述,非全日制用工与全日制用工的根本区别是劳动者在同一用人单位的工作时间不同,用人单位未按小时计算劳动者薪酬不影响非全日制用工的认定。非全日制用工劳动者请求用人单位支付违法解除劳动合同赔偿金的,不予支持。

第六十九条 非全日制用工的劳动合同

非全日制用工双方当事人可以订立口头协议。

从事非全日制用工的劳动者可以与一个或者一个以上用人单位订立劳动合同;但是,后订立的劳动合同不得影响先订立的劳动合同的履行。

● **条文注释**

非全日制用工中可以有双重或者多重劳动关系,即从事非全日制用工的劳动者可以兼职。这是非全日制用工不同于全日制用工的显著区别之一。由于《劳动合同法》明确规定非全日制用工可以有双重或者多重劳动关系,因此,非全日制用工不适用《劳动合同法》第91条的规定,也不适用《劳动法》第99条的规定。

需要注意两点：一是允许非全日制用工中有双重或者多重劳动关系，这里的劳动关系都是非全日制劳动关系，劳动者不能从事一项非全日制工作，同时兼另一项全日制工作。二是允许非全日制用工中有双重或者多重劳动关系并不是毫无约束的，必须满足"后订立的劳动合同不得影响先订立的劳动合同的履行"的前提。

● *相关规定*

《劳动法》第 99 条

第七十条 非全日制用工不得约定试用期

非全日制用工双方当事人不得约定试用期。

第七十一条 非全日制用工的终止用工

非全日制用工双方当事人任何一方都可以随时通知对方终止用工。终止用工，用人单位不向劳动者支付经济补偿。

● *条文注释*

由于非全日制劳动合同可以由任何一方当事人随时通知终止，故无须适用劳动合同解除制度。在非全日制用工中，所有解除劳动合同的行为，不管是出于什么原因，不管用人单位或者劳动者是否有过错，用人单位都不支付经济补偿。

第七十二条 非全日制用工的劳动报酬

非全日制用工小时计酬标准不得低于用人单位所在地人民政府规定的最低小时工资标准。

非全日制用工劳动报酬结算支付周期最长不得超过十五日。

● **条文注释**

确定和调整最低小时工资标准应当综合参考以下因素：（1）当地政府颁布的月最低工资标准；（2）单位应缴纳的基本养老保险费和基本医疗保险费，当地政府颁布的月最低工资标准未包含个人缴纳社会保险费因素的，还应考虑个人应缴纳的社会保险费；（3）非全日制劳动者在工作稳定性、劳动条件和劳动强度、福利等方面与全日制就业人员之间的差异。

第六章 监督检查

第七十三条 劳动合同制度的监督管理体制

国务院劳动行政部门负责全国劳动合同制度实施的监督管理。

县级以上地方人民政府劳动行政部门负责本行政区域内劳动合同制度实施的监督管理。

县级以上各级人民政府劳动行政部门在劳动合同制度实施的监督管理工作中，应当听取工会、企业方面代表以及有关行业主管部门的意见。

第七十四条 劳动行政部门监督检查事项

县级以上地方人民政府劳动行政部门依法对下列实施劳动合同制度的情况进行监督检查：

（一）用人单位制定直接涉及劳动者切身利益的规章制度及其执行的情况；

（二）用人单位与劳动者订立和解除劳动合同的情况；

（三）劳务派遣单位和用工单位遵守劳务派遣有关规定的情况；

（四）用人单位遵守国家关于劳动者工作时间和休息休假规定的情况；

（五）用人单位支付劳动合同约定的劳动报酬和执行最低工资标准的情况；

（六）用人单位参加各项社会保险和缴纳社会保险费的情况；

（七）法律、法规规定的其他劳动监察事项。

第七十五条　监督检查措施和依法行政、文明执法

县级以上地方人民政府劳动行政部门实施监督检查时，有权查阅与劳动合同、集体合同有关的材料，有权对劳动场所进行实地检查，用人单位和劳动者都应当如实提供有关情况和材料。

劳动行政部门的工作人员进行监督检查，应当出示证件，依法行使职权，文明执法。

第七十六条　其他有关主管部门的监督管理

县级以上人民政府建设、卫生、安全生产监督管理等有关主管部门在各自职责范围内，对用人单位执行劳动合同制度的情况进行监督管理。

第七十七条 劳动者权利救济途径

劳动者合法权益受到侵害的,有权要求有关部门依法处理,或者依法申请仲裁、提起诉讼。

● **条文注释**

根据《劳动争议调解仲裁法》第27条、第47条至第50条的规定,劳动争议申请仲裁的时效期间为一年,从当事人知道或者应当知道其权利被侵害之日起计算。对仲裁裁决不服的,可以在收到裁决书之日起15日内向人民法院提起诉讼。有《劳动争议调解仲裁法》第49条规定的情形的,可以在收到裁决书之日起30日内向法院申请撤销裁决。

● **相关规定**

《劳动法》第87条;《劳动争议调解仲裁法》

第七十八条 工会监督检查的权利

工会依法维护劳动者的合法权益,对用人单位履行劳动合同、集体合同的情况进行监督。用人单位违反劳动法律、法规和劳动合同、集体合同的,工会有权提出意见或者要求纠正;劳动者申请仲裁、提起诉讼的,工会依法给予支持和帮助。

● **条文注释**

需要注意的是工会维护劳动者的合法权益的具体方式包括监督、提出意见或要求、支持和帮助。对于用人单位履行集体合同的情况,工会本身就是劳动者一方的法定代表。发生集体合同争议时,若工会的意见和要求得不到采纳,工会有权申请仲裁或提起诉讼。但是,对于劳动者个人的争议,若用人单位拒绝采纳工会的意见,则要靠劳动者利用仲裁或诉讼程序解决。而对于劳动者申请仲裁或者提起诉讼的，无论是否明显占理，工会都应当依法支持该行为并在法律允许的范围内给予帮助。实践中，工会对劳动者的帮助，除提供咨询、居间调解、进行指导、在经济上给予支持外，最重要的一点，是向劳动者提供相关证明。包括用人单位的内部规章制度和操作规程及其制定程序、双方交涉过程等劳动者不易取得的证据材料。

● **相关规定**

《劳动法》第88条；《劳动合同法》6、56；《工会法》

第七十九条　对违法行为的举报

任何组织或者个人对违反本法的行为都有权举报，县级以上人民政府劳动行政部门应当及时核实、处理，并对举报有功人员给予奖励。

● **条文注释**

举报为专门机关的监督提供了有效的渠道和有用的线索。举报既方便了组织和个人行使监督权利，又方便了专门机关履行职能，实行专门监督，实现了群众监督和专门机关监督的有效结合。组织或者个人行使监督权利的方式有很多，如提出建议、当面批评，或者进行工作检查等，举报只是其中的一种。

举报可以通过电话举报、信函举报、传真举报、网上举报，也可以当面举报、预约举报或者认为方便的其他形式进行举报。

● **相关规定**

《宪法》第41条；《劳动法》第88条

第七章 法律责任

第八十条 规章制度违法的法律责任

用人单位直接涉及劳动者切身利益的规章制度违反法律、法规规定的,由劳动行政部门责令改正,给予警告;给劳动者造成损害的,应当承担赔偿责任。

● *条文注释*

如果用人单位制定的规章制度给劳动者造成损失,用人单位要承担民事赔偿责任。例如,用人单位制定的劳动安全卫生方面的规章制度不符合《劳动法》和《职业病防治法》的规定,因此给劳动者造成损失的,包括人身伤害和财产损失的,要给予劳动者赔偿。这里要提到的是,劳动者除了要求用人单位给予物质赔偿以外,还可以要求获得精神损害赔偿。

● *相关规定*

《行政处罚法》第35条;《民法典》第110条

第八十一条 缺乏必备条款、不提供劳动合同文本的法律责任

用人单位提供的劳动合同文本未载明本法规定的劳动合同必备条款或者用人单位未将劳动合同文本交付劳动者的,由劳动行政部门责令改正;给劳动者造成损害的,应当承担赔偿责任。

● **相关规定**

《行政处罚法》第 35 条

第八十二条　不订立书面劳动合同的法律责任

> 用人单位自用工之日起超过一个月不满一年未与劳动者订立书面劳动合同的，应当向劳动者每月支付二倍的工资。
>
> 用人单位违反本法规定不与劳动者订立无固定期限劳动合同的，自应当订立无固定期限劳动合同之日起向劳动者每月支付二倍的工资。

● **条文注释**

本条第 2 款的"应当订立无固定期限劳动合同之日"应当理解为《劳动合同法》第 14 条第 2 款规定的三种情形到来之日，包括：（1）劳动者在同一用人单位连续工作满十年后的次日。例如，某一劳动者于 1998 年 6 月 1 日进入某一企业工作，到 2008 年 6 月 1 日已在该企业连续工作十年，如果该劳动者在 2008 年 6 月 1 日原固定期限劳动合同期满前或者期满当日提出续订劳动合同的，则 2008 年 6 月 2 日为"应当订立无固定期限劳动合同之日"。（2）劳动者在同一用人单位连续工作满十年且距法定退休年龄不足十年的情况下，用人单位初次实行劳动合同制度或者国有企业改制重新订立劳动合同的日子。例如，某一职工已在某一企业连续工作十年，此时他 53 岁，距 60 岁的退休年龄不足 10 年，在此情况下，如果其所在的用人单位进行改制，确定于 2008 年 3 月 1 日重新与职工订立劳动合同，则这一天即为"应当订立无固定期限劳动合同之日"。（3）劳动者与企业连续订立二次固定期限劳动合同，且该劳动者没有《劳动合同法》第 39 条和第 40 条第 1 项、第 2 项规定的情形，在此情况下，双方续订劳动合同的日子。

● **实用问答**

问：劳动合同期满后未续签，劳动者继续为用人单位提供劳动，劳动者主张二倍工资差额的，应如何处理？

答：劳动合同期满后，劳动者仍在原用人单位工作，超过一个月双方仍未续签劳动合同，劳动者主张用人单位支付劳动合同续延期间未签订劳动合同二倍工资差额的，应予支持。但双方对续签合同另有约定的除外。劳动合同期满后，依照《劳动合同法》第42条规定依法续延，劳动者主张用人单位支付劳动合同续延期间未签订劳动合同的每月二倍工资差额的，不予支持。

● **典型案例**

1. **未签订书面劳动合同的法律归责** [浙江省温州市中级人民法院（2014）浙温民终字第352号]

2012年7月10日，原告郑某进入被告某公司工作，双方未签订书面劳动合同。2013年6月30日，郑某向某公司递交《辞职申请表》，某公司于7月3日核准了郑某的辞职申请。郑某向仲裁委申请仲裁，要求解除郑某与某公司之间的劳动关系，某公司支付郑某未签订书面劳动合同的二倍工资差额。区劳动人事争议仲裁委员于2013年9月3日作出仲裁裁决书，裁决：双方当事人劳动关系已解除，驳回郑某要求支付未签订书面劳动合同二倍工资的请求。郑某不服裁决，起诉至法院。

法院认为，现实生活中，劳动者故意或过失不与用人单位签订书面劳动合同的现象大量存在。郑某全面负责某公司的人事管理工作，其明知自己没有签订书面劳动合同，而不督促某公司与其签订书面劳动合同，明显存在过错，故郑某要求某公司支付未签订书面劳动合同的二倍工资差额的请求,应不予支持。

综上所述,与包括自己在内的所有劳动者签订书面劳动合同,是企业人事经理的主要职责之一。若因为不可归责于用人单位的原因,人事经理未与用人单位签订书面劳动合同,应认定系其未履行自身工作职责所致,由其个人承担不利后果。

2. 熊某某诉重庆某某船务有限公司劳动合同纠纷案(重庆市高级人民法院公布劳动争议十大典型案例之四)

熊某某于2003年8月30日到重庆某某船务有限公司工作。2010年12月28日,熊某某与某某船务公司签订《劳动合同书》,约定某某船务公司聘用熊某某担任海务主管,期限为2010年12月28日至2012年12月27日。合同期满后,双方未续签书面劳动合同。2013年8月31日,双方解除劳动关系。2008年3月至2013年8月,熊某某兼任某某船务公司总经理或副总经理职务。庭审中,熊某某称其在兼任总经理或副总经理期间负责代表公司与船员签订劳动合同。劳动关系解除后,熊某某提起仲裁、诉讼,请求某某船务公司支付在2013年1月1日至2013年8月31日期间未签订书面劳动合同的双倍工资差额。

法院认为,《劳动合同法》第82条规定,用人单位未按时与劳动者订立书面劳动合同的应当向劳动者支付二倍工资,指的是因用人单位的原因而未与劳动者签订书面劳动合同。本案中,熊某某在某某船务公司担任海务主管的同时,还兼任某某船务公司的总经理或副总经理,而根据熊某某自己的陈述,其在担任总经理或副总经理期间负责代表公司与船员签订劳动合同,故熊某某作为某某船务公司的高级管理人员在自己的劳动合同到期后,负有及时续签劳动合同的义务,但其未与自己续签劳动合同,明显非因用人单位的原因,故其要求用人单位支付双倍工资差额，应当不予支持。

综上所述，企业中负有签订书面劳动合同职责的人力资源经理等高级管理人员未与用人单位签订书面劳动合同，在未能举示充分证据证明未签订书面劳动合同系因用人单位原因所致的情况下，其请求用人单位支付未签订书面劳动合同双倍工资的，人民法院不予支持。

3. 劳动者故意不签订书面劳动合同，从而主张用人单位支付未签书面劳动合同二倍工资的，不予支持（江苏省高级人民法院发布2020年度劳动人事争议十大典型案例之一）

朱某于2019年5月12日入职某公司从事勤杂工、装卸工。双方未签订劳动合同。后双方发生争议，朱某申请劳动仲裁，请求裁令该公司支付未签订书面劳动合同的二倍工资及拖欠的工资。仲裁委终结审理后，朱某诉至法院。

法院认为，朱某从2016年12月开始，频繁在多家民营企业应聘工作，工作时间短则半年，长则一年，离职后均以用人单位未与其签订书面劳动合同、未支付其加班工资等理由先后多次向仲裁机构和法院提起仲裁或诉讼，索赔金额远超其在用人单位的工资收入，故法院认为朱某对于不签订书面劳动合同存在获取相应经济利益的恶意，有违公平、平等、诚实信用的原则，遂判决驳回其关于二倍工资的诉请，支持其主张的拖欠工资的诉请。

综上所述，用人单位有证据证明劳动者对不签订书面劳动合同存在重大过错甚至故意，劳动者主张用人单位支付未签订书面劳动合同二倍工资的，人民法院不予支持。

第八十三条　违法约定试用期的法律责任

用人单位违反本法规定与劳动者约定试用期的，由劳动行政部门责令改正；违法约定的试用期已经履行的，由用人单位以劳动者试用期满月工资为标准，按已经履行的超过法定试用期的期间向劳动者支付赔偿金。

● **条文注释**

第一，对于违法约定的试用期，只要劳动者已经实际履行，用人单位就要按照已经履行的超过法定试用期的期间向劳动者支付赔偿金，对于劳动者尚未履行的期间，则用人单位不需要支付赔偿金。第二，支付赔偿金不能代替正常的劳动报酬。如果劳动者实际履行的试用期超过了法定的最高时限，则用人单位除向劳动者支付赔偿金外，还要向劳动者支付劳动合同约定的试用期满后的月工资，实际上等同于在劳动者已经实际履行的超过法定最高时限的期间内，用人单位需要向劳动者支付双倍的月工资，以惩罚用人单位违法约定试用期的行为。第三，用人单位应当向劳动者支付赔偿金的期间为超过法定试用期的期间。

第八十四条　扣押劳动者身份证等证件的法律责任

用人单位违反本法规定，扣押劳动者居民身份证等证件的，由劳动行政部门责令限期退还劳动者本人，并依照有关法律规定给予处罚。

用人单位违反本法规定，以担保或者其他名义向劳动者收取财物的，由劳动行政部门责令限期退还劳动者本人，并以每人五百元以上二千元以下的标准处以罚款；给劳动者造成损害的，应当承担赔偿责任。

劳动者依法解除或者终止劳动合同，用人单位扣押劳动者档案或者其他物品的，依照前款规定处罚。

● **典型案例**

魏某与某保险公司劳动争议纠纷案（黑龙江省维护劳动者合法权益十大典型案例之六）

原告魏某与被告某保险公司于2002年3月24日签订劳动合同。2008年6月，某保险公司口头通知魏某解除劳动合同，但未出具解除劳动合同证明，亦未办理相关手续。魏某于2009年12月23日年满55周岁，达到法定退休年龄。魏某起诉要求某保险公司赔偿未能办理退休手续期间产生的退休金损失，返还垫付的养老保险费等。诉讼中，人力资源和社会保障部门为魏某办理了退休手续。

法院认为，根据我国《劳动合同法》第50条、第89条的规定，用人单位在解除或者终止劳动关系时，应当在15日之内为劳动者办理社会保险和档案的转移接续手续，给劳动者造成损失的，用人单位应当承担赔偿责任。劳动合同解除后，为劳动者办理社会保险和档案的转移接续手续是用人单位的法定义务。某保险公司一直未将魏某的上述材料进行移转，导致魏某无法正常办理退休手续，未能领取到2009年12月23日至2012年8月的社会养老保险金，应当承担赔偿责任。

综上所述，在实践中，用人单位扣留劳动者档案，不明确告知劳动者社会保险缴纳情况的现象比较普遍，因此《劳动合同法》第84条第3款作了专门规定。首先，用人单位为劳动者办理档案和社会保险关系转移手续是用人单位的一项法定义务，用人单位必须依法履行。其次，《劳动合同法》为有关手续的办理规定了时间限制，用人单位必须在依法解除或者终止劳动合同之日起十五日内办理完毕。

● *相关规定*

《居民身份证法》第15条、第16条

第八十五条 未依法支付劳动报酬、经济补偿等的法律责任

用人单位有下列情形之一的，由劳动行政部门责令限期支付劳动报酬、加班费或者经济补偿；劳动报酬低于当地最低工资标准的，应当支付其差额部分；逾期不支付的，责令用人单位按应付金额百分之五十以上百分之一百以下的标准向劳动者加付赔偿金：

（一）未按照劳动合同的约定或者国家规定及时足额支付劳动者劳动报酬的；

（二）低于当地最低工资标准支付劳动者工资的；

（三）安排加班不支付加班费的；

（四）解除或者终止劳动合同，未依照本法规定向劳动者支付经济补偿的。

● *条文注释*

责令用人单位加付赔偿金的前提，是用人单位没有按照劳动行政部门规定的履行期限履行其向劳动者支付相关费用的法定义务，如果用人单位发生本条规定的违法行为，在劳动行政部门发出限期支付劳动报酬、加班费或者解除以及终止劳动合同的经济补偿等费用的责令后，该用人单位即在劳动行政部门规定的期限内履行了其支付义务的，则不必再按应付金额50%以上100%以下的标准向劳动者加付赔偿金。

● 实用问答

1. 问：用人单位因违反劳动合同法的规定，哪些情形下需要支付赔偿金或加倍赔偿金？

答：（1）用人单位自用工之日起超过一个月不满一年未与劳动者订立书面劳动合同的，应当向劳动者每月支付二倍的工资。（2）用人单位不按照《劳动合同法》的规定与劳动者订立无固定期限劳动合同的，自应当订立无固定期限劳动合同之日起向劳动者每月支付二倍的工资。（3）用人单位违反《劳动合同法》的规定解除或者终止劳动合同的，应当依照劳动合同法规定的经济补偿标准的二倍向劳动者支付赔偿金。（4）用人单位逾期不支付工资、加班费、低于最低工资标准的差额部分、经济补偿金的，经有关劳动部门责令限期支付，逾期不支付的，责令用人单位按应付金额50%以上100%以下的标准向劳动者加付赔偿金。

2. 问：劳动者要求用人单位支付加付赔偿金的，应如何处理？

答：用人单位存在《劳动合同法》第85条规定的违法情形，劳动者向人民法院起诉要求用人单位支付加付赔偿金的，劳动者应当就劳动行政部门责令用人单位限期支付劳动报酬、加班费、经济补偿、工资差额的相关事实和用人单位逾期未履行的相关事实承担举证责任。

● 相关规定

《劳动法》第44条、第48条；《刑法》第276条之一

第八十六条 订立无效劳动合同的法律责任

劳动合同依照本法第二十六条规定被确认无效，给对方造成损害的，有过错的一方应当承担赔偿责任。

● **条文注释**

1.《劳动合同法》第26条规定："下列劳动合同无效或者部分无效：（一）以欺诈、胁迫的手段或者乘人之危，使对方在违背真实意思的情况下订立或者变更劳动合同的；（二）用人单位免除自己的法定责任、排除劳动者权利的；（三）违反法律、行政法规强制性规定的。对劳动合同的无效或者部分无效有争议的，由劳动争议仲裁机构或者人民法院确认。"根据这一规定，如果劳动合同属于上述三种情形之一的，属于无效或者部分无效。

2. 无效劳动合同的法律后果。《劳动法》第18条明确规定，"无效的劳动合同，从订立的时候起，就没有法律约束力"。因而，无效的劳动合同不受国家法律的承认和保护。对于劳动合同被确认无效的，其法律后果是：第一，根据《劳动合同法》的规定，劳动合同被确认无效，劳动者已付出劳动的，用人单位应当向劳动者支付劳动报酬。劳动报酬的数额，参考本单位相同或者相近岗位劳动者的劳动报酬确定。第二，无效劳动合同是由劳动合同当事人一方或者双方的过错造成的。法律上的过错，是指法律关系主体在主观上有违法错误，包括故意违法和过失违法。过错可能是一方的，也可能是双方的，它是由当事人的主观原因造成的后果，因此，对于无效的劳动合同，在确认其无效的同时，如给对方造成损害的，有过错的一方应当承担赔偿责任。

● **相关规定**

《劳动法》第18条

第八十七条　违法解除或者终止劳动合同的法律责任

用人单位违反本法规定解除或者终止劳动合同的，应当依照本法第四十七条规定的经济补偿标准的二倍向劳动者支付赔偿金。

● *典型案例*

1. **刘某某与某工程公司劳动合同纠纷案**（重庆市高级人民法院发布第六批劳动争议十大典型案例之七）

刘某某自2010年10月1日至2019年3月31日在某工程公司从事摊铺机驾驶员工作。其间，某工程公司按月向刘某某发放了工资。2019年3月31日，某工程公司的法定代表人发布信息称，由于行业竞争激烈、租赁价格较低、公司设备老化、管理费用偏高、失去了市场竞争优势，近年来连续出现亏损状态，加上应收账款无法收回，给以后的经营造成了严重困难。决定自2019年4月1日起，公司散伙（解散）。除个别人员（另行通知）上班到4月底，其他员工另谋发展，3月工资会在4月初发薪日按时发放。2019年5月21日，刘某某向仲裁委员会申请仲裁，要求某工程公司支付经济补偿24600元。仲裁中，刘某某陈述某工程公司单方解除劳动关系侵犯了其合法权益，但仅请求某工程公司支付经济补偿金，且其请求的经济补偿金已扣除某工程公司已发放的三个月的经济补偿金。

法院认为，《劳动合同法》第87条规定的赔偿金之所以是经济补偿金的二倍，应当认为其内容包括两个方面：一是因用人单位解除或终止劳动关系而对劳动者的补偿，即经济补偿金；二是因用人单位违反法律规定解除劳动合同而向劳动者支付的惩罚性赔偿，该赔偿的实质是因用人单位违法解除劳动合同而应当支付的罚金。本案中，刘某某提起的仲裁请求虽表述为经济补偿金,但其理由却为某工程公司违法解除劳动合同侵犯了其合法权益,而此种情形下,刘某某本可依据《劳动合同法》第87条之规定请求支付赔偿金,但其仅要求支付经济补偿金,而如前所述,赔偿金的组成包含了经济补偿金,刘某某仅主张经济补偿金可视为其放弃要求某工程公司支付违法解除劳动合同的罚金的请求,属于其对自己权利之处分,人民法院应当予以尊重。人民法院遂判决支持刘某某的诉讼请求。

综上所述,用人单位违法解除劳动合同,劳动者依法主张的赔偿金既包括用人单位解除或终止劳动关系而对劳动者的补偿,也包括用人单位违反法律规定解除劳动合同的罚金。在用人单位违法解除劳动合同的情况下,劳动者仅主张经济补偿金的,可视为劳动者对自己权利之处分,人民法院可予支持。

2. 用人单位违法解除劳动合同应当支付双倍经济补偿金(福建省高级人民法院劳动争议纠纷典型案例之三)[①]

2018年2月8日,唐某某收到某体育娱乐公司电子邮件,该邮件附件1《财务总监聘任书》记载,愿意聘请唐某某担任公司财务总监,具体合同条款如下:任期3年,其中试用期3个月,月薪税前36600元,工作时间由总经理安排,每周休息1天,在入职报到时应携带学历及相关专业资格证书,等等;附件2《财务总监岗位目标》对工作职责范围进行说明,记载,财务总监兼任人力资源总管,工作职责包括签订和保管劳动合同,等等。唐某某于同年2月10日在上述《财务总监聘任书》《财务总监岗位目标》两份文件上签名确认,于3月26日报到,3月29日正式上班。工作期间,该体育娱乐公司

[①] 载福建省高级人民法院网站,https://www.fjcourt.gov.cn/Page/Court/News/ArticleTradition/bf1ac0d9-dd42-4b64-8dbb-a6066b5bd495.html,2023年11月24日访问。

认为唐某某2018年9月绩效考核不达标扣发工资1000元，10月绩效考核不达标及旷工2天扣发工资3424.69元。2018年10月31日，该体育娱乐公司以唐某某入职资格未达到要求条件、绩效考核不达标及旷工等为由，通知即日起解除双方劳动关系。唐某某申请劳动仲裁及提起诉讼，请求该体育娱乐公司支付违法解除劳动合同双倍经济补偿金、退还扣发工资等。

法院认为，双方当事人签订的《财务总监聘任书》和《财务总监岗位目标》两份文件，包括唐某某的入职条件、工作岗位、工作职责、薪资报酬、工作时间、休息时间、试用期及任期等，具备书面劳动合同的核心内容，能够明晰双方的权利义务，结合已按两份文件履行的一定期限及唐某某的工作职责，可以认定双方已经签订了书面劳动合同。在劳动合同履行过程中，该体育娱乐公司向唐某某提出解除劳动合同，其未能对解除合同的理由提供相应证据，构成违法解除劳动合同。《劳动合同法》第87条规定，用人单位违反本法规定解除或终止劳动合同的，应当依照本法第47条规定的经济补偿标准的二倍向劳动者支付赔偿金。唐某某请求支付双倍经济补偿金的诉求应予支持，该体育娱乐公司扣发唐某某工资无法律依据，应予退还，据此作出相应判决。

综上所述，《劳动合同法》第10条规定，用人单位与劳动者建立劳动关系，应当订立书面劳动合同；第36条规定，用人单位与劳动者协商一致，可以解除劳动合同；第43条规定，用人单位单方解除劳动合同，应当事先将理由通知工会。

● **相关规定**

《劳动法》第98条；《劳动合同法实施条例》第25条

第八十八条　侵害劳动者人身权益的法律责任

用人单位有下列情形之一的，依法给予行政处罚；构成犯罪的，依法追究刑事责任；给劳动者造成损害的，应当承担赔偿责任：

（一）以暴力、威胁或者非法限制人身自由的手段强迫劳动的；

（二）违章指挥或者强令冒险作业危及劳动者人身安全的；

（三）侮辱、体罚、殴打、非法搜查或者拘禁劳动者的；

（四）劳动条件恶劣、环境污染严重，给劳动者身心健康造成严重损害的。

● *条文注释*

根据本条的规定，用人单位侵害劳动者人身权益的违法行为主要包括四种。用人单位的上述违法行为应当承担的法律责任主要包括行政责任、刑事责任和民事责任。

（1）行政责任。本条所指的行政责任是指用人单位侵犯劳动者人身权益的行政违法行为，应当依法给予的行政处罚。本条中的行政违法行为主要包括违反治安管理的行为以及违反行政管理规定的行为。

（2）刑事责任。刑事责任是指犯罪人实施刑法所禁止的行为（作为或不作为）后向国家担负的刑事法律后果。根据本条的规定，用人单位可能因违反刑法而构成犯罪，被依法追究相应的刑事责任。

（3）民事责任。用人单位的行为对劳动者造成损害的，应当承担赔偿责任。这里的赔偿是对劳动者因用人单位违法行为而造成的实际损害的赔偿，既包括对劳动者直接损害的赔偿，也包括对劳动者间接损害的赔偿；既包括对劳动者物质损害的赔偿，也包括对劳动者精神损害的赔偿。

● **相关规定**

《刑法》第 134 条、第 135 条、第 232~235 条、第 238 条、第 244~246 条;《治安管理处罚法》第 40 条、第 42 条、第 43 条

第八十九条　不出具解除、终止书面证明的法律责任

> 用人单位违反本法规定未向劳动者出具解除或者终止劳动合同的书面证明,由劳动行政部门责令改正;给劳动者造成损害的,应当承担赔偿责任。

● **条文注释**

先合同义务、后合同义务是合同法上的一个概念。先合同义务,是指当事人为缔约而接触时,基于诚实信用原则而发生的各种说明、告知、注意及保护等义务。合同关系终止后,当事人依诚实信用原则应负有某种作为或不作为义务,以维护给付效果,或协助对方处理合同终了善后事务,称为后合同义务。

对于用人单位不履行后劳动合同义务的法律责任,本法根据对劳动者是否造成损害予以区别规定。首先,用人单位违反本法规定未向劳动者出具解除或者终止劳动合同的书面证明,未对劳动者造成损害的,应当由劳动行政部门责令改正。其次,用人单位违反本法规定未向劳动者出具解除或者终止劳动合同的书面证明的违法行为对劳动者造成损害的,应当承担赔偿责任。

第九十条　劳动者的赔偿责任

劳动者违反本法规定解除劳动合同，或者违反劳动合同中约定的保密义务或者竞业限制，给用人单位造成损失的，应当承担赔偿责任。

● **条文注释**

劳动者违反本法规定解除劳动合同的，其法律责任包括：（1）符合劳动合同解除条件但不符合解除程序的，应当补办手续；（2）不符合劳动合同解除条件的，如果用人单位要求继续履行劳动合同，应当继续履行劳动合同；（3）对用人单位造成损失的，应当予以赔偿。其中的赔偿项目包括：招收录用劳动者所支付的费用；为劳动者支付的培训费用（双方另有约定的按约定办理）；对生产、经营和工资造成的直接经济损失；劳动合同约定的其他赔偿项目。

根据本法规定，劳动者违反保密义务的违约责任仅为赔偿损失，而违反竞业限制的违约责任则有违约金和赔偿损失。其要点有：（1）劳动者违反保密义务和竞业限制给用人单位造成损失的，按《反不正当竞争法》第17条的规定给予赔偿。如果损失难以计算的，赔偿额为侵权人在侵权期间因侵权所获得的利润；并应当承担被侵害人因调查侵权人侵犯其合法权益的不正当竞争行为所支付的合理费用。（2）关于违反竞业限制的违约金与赔偿损失的关系，本法未作规定。

根据《反不正当竞争法》第21条的规定，市场监督检查部门对侵犯商业秘密的违法行为应当责令停止，并可以根据情节处以10万元以上100万元以下的罚款。

违反约定保密义务给用人单位造成重大损失或者特别严重后果的，即构成侵犯商业秘密罪，应当依据《刑法》第218条追究刑事责任。

第九十一条 用人单位的连带赔偿责任

用人单位招用与其他用人单位尚未解除或者终止劳动合同的劳动者，给其他用人单位造成损失的，应当承担连带赔偿责任。

● **条文注释**

该项法律责任的构成要件，包括：(1)用人单位有招用与其他用人单位尚未解除或者终止劳动合同的劳动者的行为，即用人单位招用劳动者时，该劳动者与其他用人单位仍存在劳动关系。(2)用人单位招用劳动者对其他用人单位造成损失。(3)用人单位招用劳动者的行为与其他用人单位的损失之间存在因果关系。

承担连带赔偿责任，即其他用人单位既可以同时请求该用人单位和劳动者承担赔偿责任，也可任意选择该用人单位或劳动者承担赔偿责任。

第九十二条 劳务派遣单位的法律责任

违反本法规定，未经许可，擅自经营劳务派遣业务的，由劳动行政部门责令停止违法行为，没收违法所得，并处违法所得一倍以上五倍以下的罚款；没有违法所得的，可以处五万元以下的罚款。

劳务派遣单位、用工单位违反本法有关劳务派遣规定的，由劳动行政部门责令限期改正；逾期不改正的，以每人五千元以上一万元以下的标准处以罚款，对劳务派遣单位，吊销其劳务派遣业务经营许可证。用工单位给被派遣劳动者造成损害的，劳务派遣单位与用工单位承担连带赔偿责任。

● *条文注释*

　　劳务派遣单位的违法行为造成被派遣劳动者权益受到损害的，应承担赔偿责任的主体包括劳务派遣单位以及用工单位。

　　在劳务派遣中，用工单位的违法行为主要有：（1）向被派遣劳动者收取费用。（2）提供的劳动条件和劳动保护不符合国家劳动标准。（3）未告知被派遣劳动者的工作要求和劳动报酬。（4）未按时足额向派遣单位支付为被派遣劳动者负担的劳动报酬或者社会保险费。（5）未按时足额直接向被派遣劳动者支付加班费、绩效奖金或岗位福利待遇，或者未给被派遣劳动者缴纳社会保险费。（6）未对在岗被派遣劳动者进行工作岗位所必需的培训。（7）劳动报酬分配歧视被派遣劳动者。（8）将被派遣劳动者再派遣到其他用人单位。

　　在劳务派遣中，根据法律规定和劳务派遣协议约定，用工单位对被派遣劳动者负有独立于派遣单位之外的义务，并且有的义务只应当由用工单位承担。有义务必有法律责任，故用工单位应当是独立的责任主体。而本法设立派遣单位与用工单位的连带赔偿责任，是为了给被派遣劳动者实现其赔偿请求权提供保障，并且以派遣单位与用工单位的雇主义务和赔偿责任的划分为前提，而不是对用工单位独立责任的否定。因而，履行连带赔偿责任后，派遣单位或用工单位可依据雇主义务和赔偿责任的划分行使追偿权。

● *典型案例*

　　劳动者超时加班发生工伤，用工单位、劳务派遣单位是否承担连带赔偿责任（人力资源社会保障部、最高人民法院联合发布十起第二批劳动人事争议典型案例之七）

　　2017年8月，某服务公司与某传媒公司签订劳务派遣协议，约定某服务公司为某传媒公司提供派遣人员，每天工作11小时，每人每月保底工时286小时。2017年9月，某服务公司招用李某并派遣至某传媒公司工作，未为李某缴纳工伤保险。2018年8月、9月、11月，李某月工时分别为319小时、293小时、322.5小时，每月休息日不超过3日。2018年11月30日，李某工作时间为当日20时30分至12月1日8时30分。李某于12月1日凌晨5时30分晕倒在该单位卫生间，经抢救无效于当日死亡，死亡原因为心肌梗死等。2018年12月，某传媒公司与李某近亲属惠某等签订赔偿协议，约定某传媒公司支付惠某等工亡待遇42万元，惠某等不得再就李某工亡赔偿事宜或在派遣工作期间享有的权利向某传媒公司提出任何形式的赔偿要求。上述协议签订后，某传媒公司实际支付惠某等各项费用计423497.80元。此后，李某所受伤害被社会保险行政部门认定为工伤。某服务公司、惠某等不服仲裁裁决，诉至人民法院。

法院认为，关于李某超时加班发生工伤，用工单位与劳务派遣单位是否应承担连带赔偿责任。根据《劳动法》第38条、第41条，《劳动合同法》第92条，《国务院关于职工工作时间的规定》（国务院令第174号）第3条规定，休息权是劳动者的基本劳动权利，即使在支付劳动者加班费的情况下，劳动者的工作时间仍然受到法定延长工作时间上限的制约。劳务派遣用工中，劳动者超时加班发生工伤，用工单位和劳务派遣单位对劳动者的损失均负有责任，应承担连带赔偿责任。本案中，某服务公司和某传媒公司协议约定的被派遣劳动者每天工作时间及每月保底工时均严重超过法定标准。李某工亡前每月休息时间不超过3日，每日工作时间基本超过11小时，每月延长工作时间超过36小时数倍，其依法享有的休息权受到严重侵害。某传媒公司作为用工单位，长期安排李某超时加班，存在过错，对李某在工作期间突发疾病死亡负有不可推卸的责任。传媒公司与某服务公司就李某工伤的相关待遇承担连带赔偿责任。惠某等虽与某传媒公司达成了赔偿协议，但赔偿协议是在劳动者未经社会保险行政部门认定工伤的情形下签订的，且赔偿协议约定的补偿数额明显低于法定工伤保险待遇标准，某服务公司和某传媒公司应对差额部分予以补足。

综上所述，个别用人单位为降低用工成本、追求利润最大化，长期安排劳动者超时加班，对劳动者的身心健康、家庭和睦、参与社会生活等造成了严重影响，极端情况下会威胁劳动者的生命安全。此种情况下，用工单位、劳务派遣单位承担连带赔偿责任，可以有效避免在劳务派遣用工中出现责任真空的现象，实现对劳动者合法权益的充分保障。同时，用人单位应依法为职工参加工伤保险，保障职工的工伤权益，也能分散自身风险。如用人单位未为职工参加工伤保险，工伤职工工伤保险待遇全部由用人单位支付。

● *相关规定*

《行政处罚法》第36条；《市场主体登记管理条例》第3条、第14条、第21条

第九十三条　无营业执照经营单位的法律责任

对不具备合法经营资格的用人单位的违法犯罪行为，依法追究法律责任；劳动者已经付出劳动的，该单位或者其出资人应当依照本法有关规定向劳动者支付劳动报酬、经济补偿、赔偿金；给劳动者造成损害的，应当承担赔偿责任。

● *相关规定*

《无证无照经营查处办法》

第九十四条　个人承包经营者的连带赔偿责任

个人承包经营违反本法规定招用劳动者，给劳动者造成损害的，发包的组织与个人承包经营者承担连带赔偿责任。

● **条文注释**

个人承包经营是指企业与个人承包经营者通过订立承包经营合同，将企业的全部或者部分经营管理权在一定期限内交给个人承包者，由个人承包者对企业进行经营管理。这里的个人承包经营也包括转包。诉讼中，劳动者既可以单独起诉发包组织或者个人承包经营者，也可将发包组织或者个人承包经营者列为共同被告。

● **典型案例**

发包人与个人承包经营者对劳动者的损害承担连带责任（江苏省高级人民法院公布2013年劳动争议十大典型案例之九）

包某承包了某钢制品公司的业务，双方签订了《安全生产责任状》，按月结算相关费用。包某雇用吴某，吴某的工作由包某管理，工资由包某发放。2009年8月，吴某在市省道由北向南行驶时与邱某发生交通事故，邱某、吴某相继死亡。2011年5月，市人社部门作出《关于吴某为工亡的决定》，某钢制品公司不服，申请行政复议后又提起行政诉讼，法院判决维持人社部门作出的工伤决定。因包某、某钢制品公司均未支付工伤赔偿费用，吴某的妻子钱某申请仲裁，要求包某和某钢制品公司支付工伤保险待遇赔偿。仲裁机构裁决包某和某钢制品公司连带承担赔偿责任。包某不服，诉至法院，请求判决其不承担对吴某工伤待遇赔偿的连带责任。

法院认为，某钢制品公司实行承包经营，实际用工的包某不具备用工资格，包某违反规定招用劳动者，劳动者在工作过程中发生伤亡的，由某钢制品公司承担工伤保险责任，包某对此承担连带责任，遂判决驳回包某的诉讼请求。

综上所述，用人单位实行承包经营，使用劳动者的个人承包人不具备用人单位资格，由具备用人单位资格的发包人承担工伤保险责任，个人承包人对此承担连带责任。

第九十五条 不履行法定职责、违法行使职权的法律责任

劳动行政部门和其他有关主管部门及其工作人员玩忽职守、不履行法定职责，或者违法行使职权，给劳动者或者用人单位造成损害的，应当承担赔偿责任；对直接负责的主管人员和其他直接责任人员，依法给予行政处分；构成犯罪的，依法追究刑事责任。

第八章 附 则

第九十六条 事业单位聘用制劳动合同的法律适用

事业单位与实行聘用制的工作人员订立、履行、变更、解除或者终止劳动合同，法律、行政法规或者国务院另有规定的，依照其规定；未作规定的，依照本法有关规定执行。

● **条文注释**

本条文规定表明，事业单位劳动合同的运行，既适用作为一般法的《劳动合同法》，也适用作为特别法的《事业单位人事管理法》。即在法律适用上，特别法优于一般法，一般法补充特别法。

● *相关规定*

《教师法》;《执业医师法》;《人事部关于在事业单位试行人员聘用制度意见》

第九十七条 过渡性条款

本法施行前已依法订立且在本法施行之日存续的劳动合同,继续履行;本法第十四条第二款第三项规定连续订立固定期限劳动合同的次数,自本法施行后续订固定期限劳动合同时开始计算。

本法施行前已建立劳动关系,尚未订立书面劳动合同的,应当自本法施行之日起一个月内订立。

本法施行之日存续的劳动合同在本法施行后解除或者终止,依照本法第四十六条规定应当支付经济补偿的,经济补偿年限自本法施行之日起计算;本法施行前按照当时有关规定,用人单位应当向劳动者支付经济补偿的,按照当时有关规定执行。

● *相关规定*

《劳动法》第 28 条

第九十八条 施行时间

本法自 2008 年 1 月 1 日起施行。

附 录

劳动合同[1]

(通用)

甲方（用人单位）：_____
乙方（劳动者）：_____
签 订 日 期：_____年___月___日

---

[1] 来自《人力资源社会保障部关于发布劳动合同示范文本的说明》，载中国政府网，https://www.gov.cn/xinwen/2019-11/29/content_5456897.htm，2023年11月24日访问。

注 意 事 项

一、本合同文本供用人单位与建立劳动关系的劳动者签订劳动合同时使用。

二、用人单位应当与招用的劳动者自用工之日起一个月内依法订立书面劳动合同,并就劳动合同的内容协商一致。

三、用人单位应当如实告知劳动者工作内容、工作条件、工作地点、职业危害、安全生产状况、劳动报酬以及劳动者要求了解的其他情况;用人单位有权了解劳动者与劳动合同直接相关的基本情况,劳动者应当如实说明。

四、依法签订的劳动合同具有法律效力,双方应按照劳动合同的约定全面履行各自的义务。

五、劳动合同应使用蓝、黑钢笔或签字笔填写,字迹清楚,文字简练、准确,不得涂改。确需涂改的,双方应在涂改处签字或盖章确认。

六、签订劳动合同,用人单位应加盖公章,法定代表人(主要负责人)或委托代理人签字或盖章;劳动者应本人签字,不得由他人代签。劳动合同由双方各执一份,交劳动者的不得由用人单位代为保管。

甲方(用人单位):＿＿＿＿＿＿＿＿＿＿＿＿＿＿＿＿＿＿＿＿＿＿

统一社会信用代码:＿＿＿＿＿＿＿＿＿＿＿＿＿＿＿＿＿＿＿＿＿

法定代表人(主要负责人)或委托代理人:＿＿＿＿＿＿＿＿＿＿

注册地:＿＿＿＿＿＿＿＿＿＿＿＿＿＿＿＿＿＿＿＿＿＿＿＿＿＿

经营地:＿＿＿＿＿＿＿＿＿＿＿＿＿＿＿＿＿＿＿＿＿＿＿＿＿＿

联系电话:＿＿＿＿＿＿＿＿＿＿＿＿＿＿＿＿＿＿＿＿＿＿＿＿＿

乙方（劳动者）：_____

居民身份证号码：_____

(或其他有效证件名称_____证件号：_____)

户籍地址：_____

经常居住地（通讯地址）：_____

联系电话：_____

根据《中华人民共和国劳动法》《中华人民共和国劳动合同法》等法律法规政策规定，甲乙双方遵循合法、公平、平等自愿、协商一致、诚实信用的原则订立本合同。

一、劳动合同期限

第一条 甲乙双方自用工之日起建立劳动关系，双方约定按下列第____种方式确定劳动合同期限：

1. 固定期限：自____年____月____日起至____年____月__日止，其中，试用期从用工之日起至____年____月____日止。

2. 无固定期限：自____年____月____日起至依法解除、终止劳动合同时止，其中，试用期从用工之日起至____年____月____日止。

3. 以完成一定工作任务为期限：自____年____月____日起至_____工作任务完成时止。甲方应当以书面形式通知乙方工作任务完成。

二、工作内容和工作地点

第二条 乙方工作岗位是_____，岗位职责为_____。乙方的工作地点为_____。

乙方应爱岗敬业、诚实守信，保守甲方商业秘密，遵守甲方依法制定的劳动规章制度，认真履行岗位职责，按时保质完成工作任务。乙方违反劳动纪律，甲方可依据依法制定的劳动规章制度给予相应处理。

217

三、工作时间和休息休假

第三条 根据乙方工作岗位的特点，甲方安排乙方执行以下第____种工时制度：

1. 标准工时工作制。每日工作时间不超过 8 小时，每周工作时间不超过 40 小时。由于生产经营需要，经依法协商后可以延长工作时间，一般每日不得超过 1 小时，特殊原因每日不得超过 3 小时，每月不得超过 36 小时。甲方不得强迫或者变相强迫乙方加班加点。

2. 依法实行以_____为周期的综合计算工时工作制。综合计算周期内的总实际工作时间不应超过总法定标准工作时间。甲方应采取适当方式保障乙方的休息休假权利。

3. 依法实行不定时工作制。甲方应采取适当方式保障乙方的休息休假权利。

第四条 甲方安排乙方加班的，应依法安排补休或支付加班工资。

第五条 乙方依法享有法定节假日、带薪年休假、婚丧假、产假等假期。

四、劳动报酬

第六条 甲方采用以下第____种方式向乙方以货币形式支付工资，于每月____日前足额支付：

1. 月工资_____元。

2. 计件工资。计件单价为_____，甲方应合理制定劳动定额，保证乙方在提供正常劳动情况下，获得合理的劳动报酬。

3. 基本工资和绩效工资相结合的工资分配办法，乙方月基本工资____元，绩效工资计发办法为_____。

4. 双方约定的其他方式_____。

第七条 乙方在试用期期间的工资计发标准为_____或_____元。

第八条 甲方应合理调整乙方的工资待遇。乙方从甲方获得的工资依法承担的个人所得税由甲方从其工资中代扣代缴。

五、社会保险和福利待遇

第九条 甲乙双方依法参加社会保险，甲方为乙方办理有关社会保险手续，并承担相应社会保险义务，乙方应当缴纳的社会保险费由甲方从乙方的工资中代扣代缴。

第十条 甲方依法执行国家有关福利待遇的规定。

第十一条 乙方因工负伤或患职业病的待遇按国家有关规定执行。乙方患病或非因工负伤的，有关待遇按国家有关规定和甲方依法制定的有关规章制度执行。

六、职业培训和劳动保护

第十二条 甲方应对乙方进行工作岗位所必需的培训。乙方应主动学习，积极参加甲方组织的培训，提高职业技能。

第十三条 甲方应当严格执行劳动安全卫生相关法律法规规定，落实国家关于女职工、未成年工的特殊保护规定，建立健全劳动安全卫生制度，对乙方进行劳动安全卫生教育和操作规程培训，为乙方提供必要的安全防护设施和劳动保护用品，努力改善劳动条件，减少职业危害。乙方从事接触职业病危害作业的，甲方应依法告知乙方工作过程中可能产生的职业病危害及其后果，提供职业病防护措施，在乙方上岗前、在岗期间和离岗时对乙方进行职业健康检查。

第十四条 乙方应当严格遵守安全操作规程，不违章作业。乙方对甲方管理人员违章指挥、强令冒险作业，有权拒绝执行。

七、劳动合同的变更、解除、终止

第十五条 甲乙双方应当依法变更劳动合同，并采取书面形式。

第十六条 甲乙双方解除或终止本合同，应当按照法律法规规定执行。

第十七条 甲乙双方解除终止本合同的，乙方应当配合甲方办理工作交接手续。甲方依法应向乙方支付经济补偿的，在办结工作交接时支付。

第十八条　甲方应当在解除或终止本合同时，为乙方出具解除或者终止劳动合同的证明，并在十五日内为乙方办理档案和社会保险关系转移手续。

八、双方约定事项

第十九条　乙方工作涉及甲方商业秘密和与知识产权相关的保密事项的，甲方可以与乙方依法协商约定保守商业秘密或竞业限制的事项，并签订保守商业秘密协议或竞业限制协议。

第二十条　甲方出资对乙方进行专业技术培训，要求与乙方约定服务期的，应当征得乙方同意，并签订协议，明确双方权利义务。

第二十一条　双方约定的其它事项：＿＿＿＿＿＿＿＿＿＿。

九、劳动争议处理

第二十二条　甲乙双方因本合同发生劳动争议时，可以按照法律法规的规定，进行协商、申请调解或仲裁。对仲裁裁决不服的，可以依法向有管辖权的人民法院提起诉讼。

十、其他

第二十三条　本合同中记载的乙方联系电话、通讯地址为劳动合同期内通知相关事项和送达书面文书的联系方式、送达地址。如发生变化，乙方应当及时告知甲方。

第二十四条　双方确认：均已详细阅读并理解本合同内容，清楚各自的权利、义务。本合同未尽事宜，按照有关法律法规和政策规定执行。

第二十五条　本合同双方各执一份，自双方签字（盖章）之日起生效，双方应严格遵照执行。

甲方（盖章）　　　　　　　　　　乙方（签字）
法定代表人（主要负责人）
或委托代理人（签字或盖章）
　　　年　月　日　　　　　　　　　　年　月　日

附件1

续订劳动合同

经甲乙双方协商同意,续订本合同。

一、甲乙双方按以下第____种方式确定续订合同期限:

1. 固定期限:自____年__月__日起至____年__月__日止。

2. 无固定期限:自____年__月__日起至依法解除或终止劳动合同时止。

二、双方就有关事项约定如下:

1. _____ ;

2. _____ ;

3. _____ 。

三、除以上约定事项外,其他事项仍按照双方于____年__月__日签订的劳动合同中的约定继续履行。

甲方(盖章)   乙方(签字)

法定代表人(主要负责人)

或委托代理人(签字或盖章)

   年 月 日   年 月 日

附件 2

变 更 劳 动 合 同

一、经甲乙双方协商同意，自＿＿＿年＿月＿日起，对本合同作如下变更：

1. _____ ；

2. _____ ；

3. _____ 。

二、除以上约定事项外，其他事项仍按照双方于＿＿＿年＿月＿日签订的劳动合同中的约定继续履行。

甲方（盖章）　　　　　　　　　乙方（签字）

法定代表人（主要负责人）

或委托代理人（签字或盖章）

　年　月　日　　　　　　　　　　年　月　日

劳动合同[1]

(劳务派遣)

甲方(劳务派遣单位):_____

乙方(劳 动 者):_____

签 订 日 期:_____年____月____日

---

[1] 来自《人力资源社会保障部关于发布劳动合同示范文本的说明》,载中国政府网,https://www.gov.cn/xinwen/2019-11/29/content_5456897.htm,2023年11月24日访问。

注 意 事 项

一、本合同文本供劳务派遣单位与被派遣劳动者签订劳动合同时使用。

二、劳务派遣单位应当向劳动者出具依法取得的《劳务派遣经营许可证》。

三、劳务派遣单位不得与被派遣劳动者签订以完成一定任务为期限的劳动合同，不得以非全日制用工形式招用被派遣劳动者。

四、劳务派遣单位应当将其与用工单位签订的劳务派遣协议内容告知劳动者。劳务派遣单位不得向被派遣劳动者收取费用。

五、劳动合同应使用蓝、黑钢笔或签字笔填写，字迹清楚，文字简练、准确，不得涂改。确需涂改的，双方应在涂改处签字或盖章确认。

六、签订劳动合同，劳务派遣单位应加盖公章，法定代表人（主要负责人）或委托代理人应签字或盖章；被派遣劳动者应本人签字，不得由他人代签。劳动合同交由劳动者的，劳务派遣单位、用工单位不得代为保管。

甲方（劳务派遣单位）：_____

统一社会信用代码：_____

劳务派遣许可证编号：_____

法定代表人（主要负责人）或委托代理人：_____

注 册 地：_____

经 营 地：_____

联系电话：_____

乙方（劳动者）：_____

居民身份证号码：_____
(或其他有效证件名称_____ 证件号：_____)
户籍地址：_____
经常居住地（通讯地址）：_____
联系电话：_____

根据《中华人民共和国劳动法》《中华人民共和国劳动合同法》等法律法规政策规定，甲乙双方遵循合法、公平、平等自愿、协商一致、诚实信用的原则订立本合同。

一、劳动合同期限

第一条 甲乙双方约定按下列第____种方式确定劳动合同期限：

1. 二年以上固定期限合同：自____年__月__日起至____年__月__日止。其中，试用期从用工之日起至____年__月__日止。

2. 无固定期限的劳动合同：自____年__月__日起至依法解除或终止劳动合同止。其中，试用期从用工之日起至____年__月__日止。

试用期至多约定一次。

二、工作内容和工作地点

第二条 乙方同意由甲方派遣到_____（用工单位名称）工作，用工单位注册地_____，用工单位法定代表人或主要负责人_____。派遣期限为_____，从____年__月__日起至____年__月__日止。乙方的工作地点为_____。

第三条 乙方同意在用工单位_____岗位工作，属于临时性/辅助性/替代性工作岗位，岗位职责为_____。

第四条 乙方同意服从甲方和用工单位的管理，遵守甲方和用工单位依法制定的劳动规章制度，按照用工单位安排的工作内容及要求履行劳动义务，按时完成规定的工作数量，达到相应的质量要求。

三、工作时间和休息休假

第五条　乙方同意根据用工单位工作岗位执行下列第____种工时制度：

1. 标准工时工作制，每日工作时间不超过8小时，平均每周工作时间不超过40小时，每周至少休息1天。

2. 依法实行以____为周期的综合计算工时工作制。

3. 依法实行不定时工作制。

第六条　甲方应当要求用工单位严格遵守关于工作时间的法律规定，保证乙方的休息权利与身心健康，确因工作需要安排乙方加班加点的，经依法协商后可以延长工作时间，并依法安排乙方补休或支付加班工资。

第七条　乙方依法享有法定节假日、带薪年休假、婚丧假、产假等假期。

四、劳动报酬和福利待遇

第八条　经甲方与用工单位商定，甲方采用以下第__种方式向乙方以货币形式支付工资，于每月__日前足额支付：

1. 月工资_____元。

2. 计件工资。计件单价为_____。

3. 基本工资和绩效工资相结合的工资分配办法，乙方月基本工资____元，绩效工资计发办法为_____。

4. 约定的其他方式_____。

第九条　乙方在试用期期间的工资计发标准为_____或_____元。

第十条　甲方不得克扣用工单位按照劳务派遣协议支付给被派遣劳动者的劳动报酬。乙方从甲方获得的工资依法承担的个人所得税由甲方从其工资中代扣代缴。

第十一条　甲方未能安排乙方工作或者被用工单位退回期间，甲方应按照不低于甲方所在地最低工资标准按月向乙方支付报酬。

第十二条　甲方应当要求用工单位对乙方实行与用工单位同类岗位的劳动者相同的劳动报酬分配办法，向乙方提供与工作岗位相关的福利待遇。用工单位无同类岗位劳动者的,参照用工单位所在地相同或者相近岗位劳动者的劳动报酬确定。

第十三条 甲方应当要求用工单位合理确定乙方的劳动定额。用工单位连续用工的,甲方应当要求用工单位对乙方实行正常的工资调整机制。

五、社会保险

第十四条 甲乙双方依法在用工单位所在地参加社会保险。甲方应当按月将缴纳社会保险费的情况告知乙方,并为乙方依法享受社会保险待遇提供帮助。

第十五条 如乙方发生工伤事故,甲方应当会同用工单位及时救治,并在规定时间内,向人力资源社会保障行政部门提出工伤认定申请,为乙方依法办理劳动能力鉴定,并为其享受工伤待遇履行必要的义务。甲方未按规定提出工伤认定申请的,乙方或者其近亲属、工会组织在事故伤害发生之日或者乙方被诊断、鉴定为职业病之日起1年内,可以直接向甲方所在地人力资源社会保障行政部门提请工伤认定申请。

六、职业培训和劳动保护

第十六条 甲方应当为乙方提供必需的职业能力培训,在乙方劳务派遣期间,督促用工单位对乙方进行工作岗位所必需的培训。乙方应主动学习,积极参加甲方和用工单位组织的培训,提高职业技能。

第十七条 甲方应当为乙方提供符合国家规定的劳动安全卫生条件和必要的劳动保护用品,落实国家有关女职工、未成年工的特殊保护规定,并在乙方劳务派遣期间督促用工单位执行国家劳动标准,提供相应的劳动条件和劳动保护。

第十八条 甲方如派遣乙方到可能产生职业危害的岗位,应当事先告知乙方。甲方应督促用工单位依法告知乙方工作过程中可能产生的职业病危害及其后果,对乙方进行劳动安全卫生教育和培训,提供必要的职业危害防护措施和待遇,预防劳动过程中的事故,减少职业危害,为劳动者建立职业健康监护档案,在乙方上岗前、派遣期间、离岗时对乙方进行职业健康检查。

第十九条　乙方应当严格遵守安全操作规程，不违章作业。乙方对用工单位管理人员违章指挥、强令冒险作业，有权拒绝执行。

七、劳动合同的变更、解除和终止

第二十条　甲乙双方应当依法变更劳动合同，并采取书面形式。

第二十一条　因乙方派遣期满或出现其他法定情形被用工单位退回甲方的，甲方可以对其重新派遣，对符合法律法规规定情形的，甲方可以依法与乙方解除劳动合同。乙方同意重新派遣的，双方应当协商派遣单位、派遣期限、工作地点、工作岗位、工作时间和劳动报酬等内容，并以书面形式变更合同相关内容；乙方不同意重新派遣的，依照法律法规有关规定执行。

第二十二条　甲乙双方解除或终止本合同，应当按照法律法规规定执行。甲方应在解除或者终止本合同时，为乙方出具解除或者终止劳动合同的证明，并在十五日内为乙方办理档案和社会保险关系转移手续。

第二十三条　甲乙双方解除终止本合同的，乙方应当配合甲方办理工作交接手续。甲方依法应向乙方支付经济补偿的，在办结工作交接时支付。

八、劳动争议处理

第二十四条　甲乙双方因本合同发生劳动争议时，可以按照法律法规的规定，进行协商、申请调解或仲裁。对仲裁裁决不服的，可以依法向有管辖权的人民法院提起诉讼。

第二十五条　用工单位给乙方造成损害的，甲方和用工单位承担连带赔偿责任。

九、其他

第二十六条　本合同中记载的乙方联系电话、通讯地址为劳动合同期内通知相关事项和送达书面文书的联系方式、送达地址。如发生变化，乙方应当及时告知甲方。

第二十七条　双方确认：均已详细阅读并理解本合同内容，清楚各自的权利、义务。本合同未尽事宜，按照有关法律法规和政策规定执行。

第二十八条　本劳动合同一式（　　）份，双方至少各执一份，自签字

（盖章）之日起生效，双方应严格遵照执行。

甲方（盖章） 乙方（签字）
法定代表人（主要负责人）
或委托代理人（签字或盖章）
　　年　月　日 　　年　月　日

附件1

续 订 劳 动 合 同

经甲乙双方协商同意,续订本合同。

一、甲乙双方按以下第____种方式确定续订合同期限:

1. 固定期限:自____年__月__日起至____年__月__日止。

2. 无固定期限:自____年__月__日起至依法解除或终止劳动合同时止。

二、双方就有关事项约定如下:

1. _____;
2. _____;
3. _____。

三、除以上约定事项外,其他事项仍按照双方于____年__月__日签订的劳动合同中的约定继续履行。

甲方(盖章)   乙方(签字)

法定代表人(主要负责人)

或委托代理人(签字或盖章)

　　　年　月　日   　年　月　日

附件 2

变 更 劳 动 合 同

一、经甲乙双方协商同意,自____年__月__日起,对本合同作如下变更:

1. _____;
2. _____;
3. _____。

二、除以上约定事项外,其他事项仍按照双方于____年__月__日签订的劳动合同中的约定继续履行。

甲方(盖章)　　　　　　　　乙方(签字)

法定代表人(主要负责人)

或委托代理人(签字或盖章)

　年　月　日　　　　　　　　　年　月　日

编号：

工伤认定申请表[①]

（劳务派遣）

申请人：_____

受伤害职工：_____

申请人与受伤害职工关系：_____

申请人联系电话：_____

填表日期：_____年___月___日

[①] 来自武汉市人力资源和社会保障局网站，https://rsj.wuhan.gov.cn/bsfw_17/bgxz/202109/t20210924_1783424.html，2023年11月24日访问。

人力资源和社会保障厅印制

职工姓名		性别		出生日期	年　月　日
身份证号码				联系电话	
家庭地址				邮政编码	
工作单位				联系人及电话	
单位地址				邮政编码	
职业、工种或工作岗位				参加工作时间	
事故时间、地点及主要原因				诊断时间	
受伤害部位				职业病名称	
接触职业病危害岗位				接触职业病危害时间	
受伤害经过简述（可附页）					
申请事项： 　　　　　　　　　　　申请人签字： 　　　　　　　　　　　　　　年　月　日 （本栏目由受伤害职工或者其近亲属、工会组织填写）					

续表

用人单位意见：		经办人签字： （公章） 年　月　日
社会保险行政部门审查资料和受理意见		经办人签字： 年　月　日
		负责人签字： （公章） 年　月　日
备注：		

234

填 表 说 明

1. 用钢笔或签字笔填写，字体工整清楚。

2. 申请人为用人单位的，在首页申请人处加盖单位公章。

3. 受伤害部位一栏填写受伤害的具体部位。

4. 诊断时间一栏，职业病者，按职业病确诊时间填写；受伤或死亡的，按初诊时间填写。

5. 受伤害经过简述，应写明事故发生的时间、地点、当时所从事的工作，受伤害的原因以及伤害部位和程度。职业病患者应写明在何单位从事何种有害作业，起止时间，确诊结果。

6. 申请人提出工伤认定申请时，应当出具受伤害职工的居民身份证，提交医疗机构出具的职工受伤害时初诊诊断证明书、职业病诊断证明书或者职业病诊断鉴定书等医学文件；职工受伤害或者诊断患职业病时与用人单位之间的劳动、聘用合同或者其他存在劳动、人事关系的证明。

有下列情形之一的，还应当分别提交相应证据：

（一）受伤害职工死亡的，提交死亡证明；

（二）在工作时间和工作场所内，因履行工作职责受到暴力等意外伤害的，提交人民法院生效裁决文书或者公安机关的证明或者其他有效证明；

（三）在上下班途中，受到非本人负主要责任的交通事故或者城市轨道交通、客运轮渡、火车事故伤害的，提交有权机构出具的事故责任认定书、结论性意见或者人民法院生效裁决文书，或者其他相关部门的证明；

（四）因工外出期间，由于工作原因受到伤害的，提交有权机构出具的证明或者其他有效证明；因发生事故下落不明，提出因工死亡认定申请的，提交人民法院宣告死亡的法律文书；

（五）在抢险救灾等维护国家利益、公共利益活动中受到伤害的，提交民政部门或者其他相关部门的证明；

（六）因战、因公负伤致残的转业、复员、退伍军人，到用人单位后旧伤复发的，提交<u>中华人民共和国残疾军人证</u>及<u>劳动能力鉴定委员会</u>的旧伤复发鉴定证明。

7. 申请事项栏，应写明受伤害职工或者其近亲属、工会组织提出工伤认定申请并签字。

8. 用人单位意见栏，应签署是否同意申请工伤，所填情况是否属实，经办人签字并加盖单位公章。因下列情形之一导致用人单位延误工伤认定申请的，还应在用人单位意见栏予以说明，并提供有关证据材料：

（一）受不可抗力影响的；

（二）申请人正式提交了工伤认定申请，但因社会保险机构未登记或者材料遗失等原因造成申请超时限的；

（三）当事人就确认劳动关系申请劳动仲裁或提起民事诉讼的；

（四）其他符合法律、法规规定的情形。

9. 社会保险行政部门审查资料和受理意见栏，应填写补正材料或是否受理的意见。若用人单位填写延误说明的，社会保险行政部门还应在本栏填写确认是否延误以及延误时间的意见。

10. 此表一式二份，社会保险行政部门、申请人各留存一份，并抄送社会保险经办机构。